【中国人格读库】

国家新闻出版广电总局

培育和践行社会主义核心价值观主题出版重点出版物

林则徐传

高占祥　主编

杨括　著

北京时代华文书局

图书在版编目（CIP）数据

林则徐传/杨括著 . -- 北京：北京时代华文书局,2015.7（2022.3 重印）
（中国人格读库/高占祥主编）
ISBN 978-7-5699-0346-1

Ⅰ．①林… Ⅱ．①杨… Ⅲ．①林则徐（1785～1850）一传记 Ⅳ．① K827=52

中国版本图书馆 CIP 数据核字（2015）第 144048 号

林 则 徐 传
Lin Zexu Zhuan

主　　编 | 高占祥
著　者 | 杨　括

出 版 人 | 陈　涛
责任编辑 | 邢　楠
装帧设计 | 程　慧　段文辉
责任印制 | 訾　敬

出版发行 | 北京时代华文书局 http://www.bjsdsj.com.cn
　　　　　北京市东城区安定门外大街 138 号皇城国际大厦 A 座 8 楼
　　　　　邮编：100011　电话：010 - 64267955　64267677
印　　刷 | 三河市嵩川印刷有限公司　0316 - 3650395
　　　　　（如发现印装质量问题，请与印刷厂联系调换）
开　　本 | 787mm×1092mm　1/16　　印　张 | 13.5　　字　数 | 128 千字
版　　次 | 2016 年 1 月第 1 版　　　印　次 | 2022 年 3 月第 3 次印刷
书　　号 | ISBN 978-7-5699-0346-1
定　　价 | 42.00 元

《中国人格读库》编委会

社会主义核心价值观与中国人格

周殿富

社会主义制度在中国已经建立了六十余年，而我们党则在本世纪初叶提出了培育弘扬社会主义核心价值观的重大课题，显然是其来有自。

社会主义的道德风尚在新中国蔚然兴起，曾经那样地风靡于二十世纪中叶。邓小平同志曾经在改革开放中讲过，当年"这种风气不仅是中国历史上从来没有过的，而且受到了世界人民的赞誉"。然而可惜的是，这个在社会主义制度建立与实践中，同步兴起的社会主义道德风尚的成长道路，却是一波四折。半个多世纪以来，它先是与共和国一道遭受了十年"文革"的浩劫；接着便是全党工作重心转移到改革开放进程中，欧风美雨"里出外进"的浸洗濡染；再接着是西方"和平演变"在东欧得手的强烈震荡与冲击；最后又是市场经济中那两只"看不见的手"在搅动着、嬗变着人们的价值取向。至少在国民中出现了价值观上的多层次化，传统美德的弱化，社会道德文明水准的退化，光荣革命传统的淡化，这也许正是中央在本世纪初提出社会主义核心价值观的原因吧。

不管怎么"变"，怎么"化"，当我们回首来时路，却不能不说，中华民族真的很强大，很值得骄傲。人类经历了几千年的文明进程，堪称世界文化之源的"五大文明古国"，其他四大古国文明都已被历史淘汰灭亡，只有中国成了唯一的延续存在。近现代即使那般的积贫积弱，被西方列强豆剖瓜分、弱肉强食，想亡我中华都不可能，就连最强大的美帝国主义，最凶残的日本军国主义都成为我们的手下败将，而且打出了一个新中国，且跨过整整一个历史阶段，直接进入了社会主义。西方敌对势力几十年不遗余力地对新中国百般围剿，"冷战""热战""和平演变"手段用尽，连如此强大的前苏联乃至整个苏东阵营都被瓦解了，而社会主义的旗帜仍旧在960万平方公里的土地上高高飘扬，而且昂首挺胸地屹立在世界的东方，中国真的是太强大了。几十年来的瞩目成就，竟然令西方发出了"中国威胁论"。你管他别有用心也好，言过其实也好，总比让别人说我们是"瓷器"，是"东亚病夫"好吧？1840～1949年的一百零九年间，中国尽受别人的欺负、"威胁"了，我们也能让那些昔日列强有点"威胁感"，又有什么不好？更何况这是他们自己说的啊！我们并没吹嘘，也没有去做。几千年来我们侵略过谁呢？"反战""非攻""兼相爱，交相利"，中国古有墨子，近有周恩来、邓小平同志。这也是中华民族固有传统美德的延续吧！

生于忧患，死于安乐，这也当是中华民族的一个传统美德吧？几十年来尽管中国如此繁荣兴旺，但从邓小平生前一直到党的"十八大"以来，无论哪一届中央领导集体，从来都没有忘记过国之忧患。忧在何处，患在何处呢？

二十世纪八十年代末，邓小平同志曾经在半年的时间内四次提到：中国改革开放十年最大的失误在教育，在"对青年的政治思想教育抓得不够""对人民的教育不够"，足见他的痛心疾首。他晚年时又提到了"国格"与"人格"的问题，讲道："谈到人格，但不要忘记还有一个国格。特别是像我们这样第三世界的发展中国家，没有民族自尊心，不珍惜自己民族的独立，国家是立不起来的。"

（精装版《邓小平文选》第3卷331页。）

人们很少注意到邓小平的这一段话，但邓小平恰恰是在这里把"国格""人格"提升到了事关"立国"的高度。

那么，什么是我们社会主义的"国格"呢？邓小平讲得很明白："民族自尊心""民族的独立"。

新中国一路走来，我们最大的尊严便是完全靠"自力"，靠"艰苦奋斗"，而达"更生"之境。对西方敌对势力的"冷战""热战""和平演变"，我们何曾有过屈服？也正是在这一前提下，我们才有真正的"民族独立"。这就是我们的国格。那么什么是我们中国人的人格呢？邓小平同志在这里没有讲，但他在1978年4月22日召开的全国教育工作会议上的讲话中，在讲到我们的教育培养目标时，至少提到与社会主义人格相关的各个方面：革命的理想，共产主义的品德，勤奋学习，严守纪律，艰苦奋斗，努力上进，爱祖国，爱人民，爱劳动，爱科学，爱护公共财产，助人为乐，英勇对敌，集体主义精神，专心致志地为人民工作，等等。这里的哪一条不属于社会主义人格的范畴呢？

2006年党的十六届三中全会，第一次提出了"建设社会主义核心价值体系"的历史性命题和战略任务。2007

年，胡锦涛同志在"6·25"讲话中又具体提出这个"体系"包括四个方面的内容：①马克思主义的指导思想；②中国特色社会主义共同理想；③以爱国主义为核心的民族精神和以改革创新为核心的时代精神；④社会主义荣辱观。这四个方面，一是信仰，二是理想，三是精神，四是道德文明，哪一个不在社会主义人格的范畴之内呢？党的十七届六中全会又提到了社会主义核心价值体系是"兴国之魂"。

2012年11月，在党的"十八大"上又用"三个倡导"把社会主义核心价值观概括为十二项：①倡导富强、民主、文明、和谐；②倡导自由、平等、公正、法制；③倡导爱国、敬业、诚信、友善。而且中办文件又把这"三个倡导"分为三个层面：第一个"倡导"的四项，是国家层面的价值目标；第二个"倡导"的四项，是社会层面的价值取向；第三个"倡导"的四项，是公民个人层面的价值准则。实际上前两个"倡导"的八项都是属于"国格"范畴，而第三个"倡导"是属于"人格"范畴。

那么，我们怎样才能在前面讲到的那些历史嬗变中培育建构起这个"核心价值观"呢？中共中央政治局的第十三次集体学习，似乎很明确地回答了这个问题。

新华社北京2014年2月25日电讯称：中央政治局在2月24日，以弘扬社会主义核心价值观，弘扬中华传统美德为内容，进行了集体学习，习近平总书记在主持学习时强调：

　　培育和弘扬社会主义核心价值观必须立足中华优秀传统文化。牢固的核心价值观，都有其固有的根本。抛弃传统、丢掉根本，就等于割断了自己的精神命脉。博大精深的中国优秀传统文化是我们在世界文化激荡中落稳脚跟的根基。中华文化源远流长，积淀着中华民族最深层的精神追求，代表着中华民族独特的精神标识，为中华民族生生不息、发展壮大提供了丰厚滋养。中华传统美德是中华文化精髓，蕴含着丰富的思想道德资源。不忘本来才能开辟未来，善于继承才能更好创新。对历史文化特别是先人传承下来的价值理念和道德规范，要坚持古为今用、推陈出新，有鉴别地加以对待，有扬弃地予以继承，努力用中华民族创造的一切精神财富来以文化人，以文育人。

　　习近平总书记的这段论述相当精辟，对于如何培育建构社会主义核心价值观问题从四个方面剀切明白。

第一，他明确指出要在中华优秀传统文化的基础上，来构造我们的社会主义核心价值观，而不能割断历史。这一条十分重要，否则我们便会失去我们的本来面目，便会成为无源之水，也就无法走向未来。

第二，指出了中华传统美德是中华文化精髓，蕴含着丰富的思想道德资源。这就为我们揭示了社会主义核心价值观，要以弘扬优秀的中华传统美德为基础。

第三，他指出，对传统文化在扬弃中继承，在继承中创新。这就是说，社会主义核心价值观的内涵，既要有优良传统的文化精神，也要有时代精神，是二者的有机结合。

第四，他指出要用中华民族创造的一切精神财富，来化人育人。这就是说，弘扬中华民族文化，并不只是传承儒学那些道统，而是要弘扬全民族共创的优秀传统文化。同时也就是说，培育、弘扬社会主义核心价值观的根本目的是化民、育人。

尤其值得瞩目的是，习近平总书记在这次讲话中提到了一个"中华民族独特的精神标识"问题，而在同年的全国组织部长会议上又提出我们再也不能以GDP论英雄的思想。让人欣慰的是，思想道德文化建设终于被提升到一个民族的标识地位，这至少表明中国人的思想观念，并不落伍于世界潮流。

并不受人欢迎的亨廷顿生前给他的祖国提出的警示忠告，竟是如何弘扬他们没有多少历史和文化的"传统文化"："盎格鲁新教精神——美国梦"，以此为国家的"文化核心"问题。他讲道："在一个世界各国人民都以文化来界定自己的时代，一个没有文化核心而仅仅以政治信条来界定自己的社会，哪有立足之地？"所以，他提醒他无限忠于的祖国，一定要巩固发扬他们自入居北美以来，在新教精神基础上形成的"美国梦"理念的"文化核心"地位，这样才能消解这个国家的民族与文化双重多元化的危机。为此，他甚至预言美国弄不好会在本世纪中叶发生分裂。而且他公开预言不列颠大英帝国也会因民族与文化多元化的问题，导致在本世纪上半期发生分裂。

西方的一些专家学者们也十分强调国家民族文化的地位问题，柏克说："全世界的人根据文化上的界限来区分自己。"丹尼尔同样说："保守地说，真理的中心在于，对一个社会的成功起决定作用的是文化，而不是政治。开明地说，真理的中心在于，政治可以改变文化，使文化免于沉沦。"这些语言也可能有它们的局限性与某种非唯物性，但至少可以让我们看到那些发达的资本主义国家在想什么，至少与马克思主义经典作家们，关于意识形态并不总是消极被动地接受它的经济基础的论断并不相悖。

中国显然具有世界上最悠久的民族文化，同时显然也拥有世界上最强大的政治优势。新中国包括它直接进入社会主义的经济形态，以及其后的一次次经济变革，哪一次不是靠政治力量在强力推动呢？它当然同样拥有让我们几千年的民族文化"免于沉沦"的能力。有学人认为我们的民族文化早就被以往一次次的历史性灾难割裂了，这个看法显然都是毫无道理的。但我们当下却确实面临着"两个传统"失传失统的危险。中国的传统文化与优秀的民族美德，在当代国民中还有多少传承？老一代中国共产党人用生命与鲜血铸就的光荣革命传统，在党内还有多少"光大"？我们现在全民族的"核心文化"到底在何处？"社会主义核心价值观"的提出不仅符合世界潮流，也是使我们优秀的民族文化得以传承而不发生历史断裂的根本保证。富和强永远都不是一个民族的标志，哪个国家不可以富，不可以强？但能代表中国"这一个"本来面目，具有自己民族特色的，唯有中华民族的文化，能代表中国人形象的只有中国独具的道德人格。什么是人格？人格就是原始戏剧中不同角色的本来面目。

综上所述，我们是不是可以这样认为，社会主义核心价值观应内含如下的成分：中华民族传统文化中的优秀传统美德；中国人民近现代反帝反侵略反封建的爱国主义、斗争精神与中国共产党领导下形成的几十年光荣革命传统；中国化了的马克思主义有中国特色社会主义的共同理想；与"中国梦"远大目标相适应的时代精神。由这些内涵构成的社会主义核心价值观，用它来干什么呢？用习近平总书记的话来说就是"化人""育人"，把它再具体化一下，无非是打造能体现中华民族特色，代表中国形象的国格、人格。在思想道德层面上，一个国家的民族精神也只有在人的身上才能体现，所以我们依据社会主义核心价值观的基本要求，针对当代青少年的实际情况，策划了《中国人格读库》这样一套大型系列选题。

本套书承蒙全国少工委、中华文化促进会、团中央中国青年网三家共同主办推广，并积极提供书稿。难得高占祥老前辈热情出任该套书的编委主任，且高占祥同志不辞屈就加盟主创作者队伍。一些大学、中学教师与青年作者也积极加盟此套书的编写。该选题被国家新闻广电出版总局列为2014年全国社会主义核心价值观重点选题，在此一并鸣谢。

希望本套书的出版能为社会主义核心价值观的培育与弘扬，为促进青少年的道德人格养成起到积极的作用。欢迎广大读者与作家对不足之处批评教正，多提宝贵建议与指导意见。

谨以此代出版前言并序。

二〇一四年十月

于北京时代华文书局

引言

泣血朝奏惊九天，被尘夕枕海波眠。

千丈毒烟冲碧汉，万里远谪到黄边。

苟利国家岂择地？造福黎庶不记年。

韩文范正当欣慰，衮衮诸公勿汗颜。

林则徐（1785～1850）生于福州一个读书人家，从小受到儒家思想文化的熏陶，立志经世济民。为官之后，他清正廉洁，奉公守法，忠君爱国，体恤民生，是当之无愧的"林青天"。

如果仅有这些，他只能算是传统意义上的好官，可以载入正史的《循吏传》；而使他真正成为伟大的民族英雄和"开眼看世界的第一人"从而名垂千古的，是他在面对世界潮流变化给祖国带来的威胁时，所做出的英勇抵抗与表现出的开明态度，用他自己的一副对联概括就是："海纳百川，有容乃大；壁立千仞，无欲则刚。"

林则徐

晚清国势日衰，鸦片流毒四海，林则徐心系国运，力主禁烟。他不辞劳苦地奔波、查禁，终于把两百多万斤鸦片在虎门海滩尽数销毁，滚滚的浓烟把中国人民的强大力量与不屈精神昭告天下。这一壮举扬我国威，护我百姓，也震惊了西方世界。英国侵略者气势汹汹地来"讨还公道"，林则徐不低眉、不弯腰，沉着冷静，依靠人民，整军备战，一次又一次击溃了英国人的寻衅与挑战，使他们不敢再进犯广东。

林则徐坚决抗英，但不完全否定西方文明。他订阅报纸，请人翻译西方书籍，尝试着了解西方的地理、军备、国体、文化、法律等，学习西方的长处，以夷之长制夷。他严禁鸦片，却从没有像道光皇帝指示的那样闭关自守，而是欢迎合法贸易。即便在中英关系紧张时，他还是鼓励那些保证不携带鸦片的英商进港。取长补短不分华夷，合法贸易不避敌国，这样的开明态度在当时是多么难能可贵！

　　但是，虚骄鄙吝的皇帝和贪婪自私的要员控制着腐朽的清朝政府，一腔爱国热情的林则徐蒙冤被发配伊犁。他愤懑不平、痛心疾首，但从没有放弃对国家和人民的热爱。只要能为国为民做出贡献，他愿意做戈壁中的垦荒人！不以物喜，不以己悲。居庙堂之高则忧其民，处沙漠之远则忧其君。被贬潮州而为民兴利除弊的韩文公（韩愈）和提倡先忧后乐的范文正公（范仲淹）如果得知中华民族有这样的好子孙也会十分欣慰吧。但愿其后的官员们面对林公的业绩与精神不要觉得汗颜才好。

　　林则徐是地主阶级抵抗派的代表，他确实做过镇压农民起义等维护地主阶级利益的事，但他也做到了传统社会倡导的公忠体国，爱民如子，尤其是当外国侵略者与中华民族的矛盾上升为中国社会的主要矛盾之后，他的所作所为毫无疑问维护了整个中华民族的利益。

　　林则徐是中国近代史上第一位重要的民族英雄，第一个开眼看世界的中国人。他不朽的禁烟抗英功绩与高尚的爱国主义精神，在历史的进程中树立了伟大的丰碑，永远值得中国人民纪念。

目录

第一章　林家宝树

降生启蒙

中国古人曾把家有优秀子弟比作"芝兰玉树生于阶前"，王勃的《滕王阁序》中也有"谢家之宝树"的说法。少年林则徐是林家的宝树；长大后，他是国家的栋梁。

林则徐于1785年8月30日（清乾隆五十年七月二十六日）出生于福州左营司巷的一户贫苦读书人家里。他的父亲林宾日（1749—1827）原名天翰，是一位靠教书为生的穷秀才，母亲陈帙（1759—1824）出身宿儒家庭。这一对夫妇已经养育了好几个女儿，先前唯一的儿子还夭亡了，所以这个男孩儿的降生给家人带来了莫大的安慰和喜悦。

1785年，看似普普通通的一年，却属于中国历史上一个特别重要的时代。

中国历史悠久，文化昌盛，地大物博，人口众多，在很长

福州市林则徐纪念馆，1982年成立，位于福建省福州市南后街澳门路

时间内是综合国力领先于世界的强国。十五、十六世纪以来，随着中国封建制度的日益僵化和西方资本主义的逐步发展，东西方的差距在缩小，实力对比也在悄然变化。其实中国的资本主义萌芽并不比西方落后多少，明朝后期就在江南出现了。但在封建专制日益强化和社会矛盾渐趋尖锐的明朝，这个萌芽没有得到充分的发展。中国错失发展良机，逐渐落后于西方的发展脚步。

紧接着，比明朝还保守落后的满洲贵族统一中国，建立了更集权专制的清王朝。统治者闭关自守，虚骄自大，愈加排斥西方的进步文明，所吸收的只不过是一些"奇技淫巧"而已。皇权强化到了顶峰，各边疆民族与中央政府的矛盾、满洲统治者与汉族知识分子的矛盾、大小地主之间、地主与农民的矛盾愈演愈烈，少数民族叛乱和农民起义此起彼伏，社会危机越来越严重。

虽然一般认为清朝皇帝整体的素质比较高，但他们至多是熟谙传统治国智慧的守成之主，难说谁是富于世界眼光的开拓之主。康熙皇帝号称一代圣君明主，但仅从中俄《尼布楚条约》就能看出他缺乏对世界大势的把握。雍正皇帝大力整顿吏治，结果没有杜绝贪腐，反而加强了专制。乾隆皇帝自以为文治武功盖世无双，其实在他统治的末年，清朝衰亡的种种迹象都已显现。此时中国的经济发展模式、政治文化制度均落后于西方，康乾盛世这一"落日的辉煌"也已"日薄西山"，即将滑向黑暗的谷底。

林则徐恰恰就诞生在这一关键时代。

中国的落后，下层百姓愚昧不知，上层统治者虚骄不知，在这二者之间的知识分子应该是最先发现的。林则徐正是第一批发现者的代表。他的一生就是在发现与力图挽救中国的落后中度过的，这是时代和阶层赋予他的使命。

当然，在1785年时，这个男孩儿的使命是好好活下来，将来读书进仕，光宗耀祖。

相传，林宾日在孩子降生的这天夜里"梦中亲见凤凰飞"，"麟凤龟龙"（龙、凤、麒麟、龟并称"四灵"），这是个好兆头。他联想到了有"天上石麒麟"美誉的南朝才子徐陵（字孝穆），所以给孩子取名叫"则徐"，意思是效仿徐陵。林则徐字少穆，又字石麟，都与徐陵有关。

林则徐以上四代全是读书人，但都没能登科做官。他的曾祖父还有些产业，到了他祖父那一辈就败落了。祖父游宦教读，不但很难贴补家用，还欠下了高利贷，他死后家人把全部田产变卖都没有还清。林宾日教馆还债，到29岁才成家，31岁才在左营司巷典下了一间小屋作为安身立命之所。读书人家本就以科举为业，从小的贫困更让林宾日醉心于此，但他废寝忘食地读书直到读坏了眼睛也没有考中。他在无比的懊丧与绝望中把全部希望寄托在了儿子身上，一定要让儿子考中，就是再贫困也要供他读书！

父亲是私塾先生，林则徐就是由他启蒙的。四岁的时候，父亲就把他抱在膝上口授章句；七岁就教他作文章了。林则徐成年后回忆父亲当年的样子：谆谆教导，循循善诱，让孩子自己领悟，极少打骂，使孩子乐于学习，算得上是善于教育孩子的好父亲了。

林宾日可能只是简单地想让儿子做官来改善生活，光宗耀祖，但他坚定的支持和悉心的教导给了林则徐学习的机会。林则徐也让父亲看到了曙光，幼年就才思敏捷，小负名气。有一次，老师带着一班学童游鼓山绝顶峰，让大家以"山"、"海"二字作一七言对联。其他孩子还在苦思冥想的时候，林则徐就自信地吟出：

海到无边天作岸，

山登绝顶我为峰。

此对构思精奇，气魄不凡，足见小林则徐的颖悟与平时积淀的功力。

寒冷的冬夜，朔风怒号，在这低矮破旧的小屋中，一盏孤灯独明。林家人围坐在一起，父亲和儿子诵读诗书，母亲带着八个女儿做女红补贴家用。就是这样的家庭，林则徐在父母的关爱和教导下，半饥半寒却不失温暖地成长。

知识改变命运，更重要的是能有一个好家庭给孩子提供学习的机会。

求学中举

林则徐的人生路早已被父母设定为读书——科考——进取，所以按部就班地参加考试。他于1796年参加岁试，中佾生；1797年参加郡试，受考官激赏，擢为第一；1798年参加科试，中秀才，时年十四岁。林则徐考秀才所作的八股文《仁亲以为宝》中有一句"表里山河，天下有失而复得之国；墓门拱木，自古无死而复生之亲"一时被广为传诵。他中秀才以后，和本城名儒、曾任河南永城知县的郑大谟的长女郑淑卿（1789—1847）订婚。当然，因为双方还年幼，没有立即迎娶。

林则徐中秀才以后来到福建最高学府鳌峰书院求学，直到二十岁中举，一共七年。书院的山长郑光策是一位正直而且务实的士大夫。当时的读书人迫于文字狱的淫威，"著书都为稻粱谋"，学术风气沉闷压抑，研究成果家国民生无半点用途，这深为郑光策所愤激。所以他鼓励学生有目的地读书，做真正有用的学问。

在良师的引导下，林则徐广涉经史，丰富了知识，开阔了眼界。他的研读范围极为广泛，有儒家经典，有朱熹、陆九渊、王阳明等后学的著作，也有《老子》《韩非子》《庄子》等诸子百家，《史记》《汉书》等史籍，还有历代诗文、笔记、佛经、医书、碑帖等，几乎无所不读。他博采众长，兼收并蓄，边读边记，集成了一本读书札记——《云左山房杂录》。从其中"岂为功名始读书"等句子已经可以看出他早年就立下了经世致用的大志，要为国家做实事，而不是只知钻营功名的庸碌之辈。

鳌峰书院的同学也是英才济济，其中有志于学且和林则徐交情很好的有梁章钜、杨庆琛（1783—1867）、廖鸿荃（1784—1864）、沈廷槐等。他们一起讨论学问，议论时事，作诗唱和。林宾日向往北宋高士林逋"梅妻鹤子"的隐逸生活，在家中养鹤陶情，林则徐就带着同学来家里赏鹤吟诗。南宋著名的抗金爱国英雄李纲的祠墓都在福州，林则徐经常和同学们去凭吊祭扫，作诗咏叹。李纲、岳飞、文天祥、于谦等人的爱国情怀深深地触动了这些少年的心。

青年林则徐外有良师益友的陪伴，在家里父母的影响还在继续。林家生活清苦，只有除夕夜才能吃上一盘素炒豆腐，点上两根灯芯。林则徐经常典当衣服、在衙门里当抄写员补贴家用和买书进学。母亲和姐妹们依然在辛勤地忙碌，林则徐想要分担她们的重担时，母亲就说："好男儿志向应该远大，怎么能在这些琐碎的小事上分心呢？你好好读书，将来立身扬名，就不负我们的辛苦啦。"父亲虽然贫穷，却经常无私地帮助邻里亲戚，接济穷人；对于作弊或者为土豪劣绅授馆的请求，虽予重金他也不答应。他对于官场的贪腐恶浊风气十分不满，在家里也经常批判被查处的赃官及其劣迹。林则徐长大后，体恤民生疾苦，关心百姓生活，为官正直无私，都是深受父母的影响。

在书院求学的这七年是林则徐成长的重要阶段，父母的言传身教，师友的教诲熏陶，广博的阅读经历，造就了林则徐的扎实学问和优良品德，对他以后做人为官都有很大影响。他树经世之志，求经世之学，确立了一生的方向。

1804年秋，二十岁的林则徐参加乡试，一举考中第二十九名举人。比他自己更高兴的应该是他的父母，儿子在科考的路上迈出了重要的一步，给整个林家带来了希望。在揭晓考试结果、举办鹿鸣宴的那天，林则徐迎娶郑淑卿过门成亲。中举与结婚同天降临这个贫寒的家庭，真是锦上添花，双喜临门！

第二年，林则徐踌躇满志地进京参加会试。一路上饱览风景名胜，感受土俗民风，开阔了眼界，了解了民情，收获不小。

在北京，他自信而不失沉稳地交上了答卷，静静地等候期待中的结果到来。

屡获赏识

放榜那天，林则徐早早地跑来看，从头到尾仔仔细细地找了个遍，也没有发现他的名字。看来真是人外有人，天外有天，福建算得上小有名气的才子到了北京，在全国的莘莘举子中，只是不起眼的一个。

家人本以为他能考中做官，等到年底，只等来了他空手而归。迫于生计，他也和祖父、父亲一样外出当起了教书先生。但他毕竟早有文名，机会总是给有准备的人的。1806 年秋天，厦门海防同知房永清聘请林则徐去做书记，这份小小的文书工作不是林则徐仕途的开端，但却是他接触政务的开始。他办事认真，文才出众，很快得到了上级汀漳龙道①百龄（1748—1816）的激赏，说他必成大器。

1807 年过年之前，福建各府县僚属的拜年贺帖纷纷送到了巡抚张师诚（1762—1830）的案上。这些贺帖大多是一些客套话、祝福语，本没有什么稀奇，不过张师诚在偶然中翻检到的一份

---

① 汀漳龙道：官职名，清朝时设汀漳龙道，管辖汀州府之县、漳州府之县、龙岩州。

与众不同的贺帖。它能在老套中出新，写得文采斐然，让张师诚爱不释手，反复观看。他赶紧叫人打听是谁写的，快把他招到福州来。

除夕的黄昏，巡抚衙门来了一个风尘仆仆的年轻人，他被引荐到了张师诚面前，行礼后谦恭地回答巡抚的问话："学生是厦门海防同知书记林则徐。"张师诚当夜就让林则徐试着办理一两件折稿，亲自考核他的才学修养，结果非常满意。第二天是大年初一，旧历元旦，张师诚再次召见林则徐，充满信任地对他说："你就留在我这里吧。"除夕审核，元旦调动，足以证明是金子总会发光的。

张师诚是乾隆时期的旧臣，历任多省大员，镇压过白莲教起义，熟悉典章制度，行政经验丰富，深得嘉庆皇帝的倚重。此次派他巡抚福建，一个重要原因就是蔡牵、朱濆在海上作乱，搅扰东南。林则徐跟随张师诚督办军务，处理文件，讨伐檄文大都是由他起草的。1809年，朱濆、蔡牵先后被灭，余部投降，东南始定。作为张师诚的得力助手，林则徐在这场平乱战争中发挥了不小的作用。

林则徐做了巡抚的幕僚之后，家里的经济条件有所好转。他一举还清了祖父所欠的债务，并买断了父亲在左营司巷典下的小房子。父亲林宾日因为张师诚的推荐得以到正学书院讲席，每年也能得到二百两修金。

张师诚很爱重这个才华横溢、干练明快的青年，鼓励他去参加会试。林则徐于1809年春再次抵京会试，结果又没有录取。他没有放弃，再接再厉，1811年春第三次参加会试，终于春风得意——会试榜列第七十四名，复试一等，殿试二甲第四名，朝考第五名，赐进士出身。他的座师有文华殿大学士董诰（1740—1818）和户部尚书曹振镛（1755—1835）等高官。这一年，林则徐二十七岁，金榜题名，高中进士。林家已经好几代没有这样的荣耀了，他这棵宝树终于实现了父母的夙愿，一家人皆大欢喜。

林则徐的成功不仅来自于自身的素质，和张师诚的赏识与提拔也有很大关系。张师诚给林则徐提供了一个重要的机遇，把他送入了官场，在幕府期间的历练也提高了他的行政能力。林则徐一直很感念他的知遇和培养之恩，曾在这位明公六十寿辰的时候衷心地赞颂他"爱才如性命，染人如丹青"。

林则徐终于考中了，开始走进仕途。一个初入官场的年轻人又会面临着怎样的命运呢？进士出身，看似前途一片光明；可是国家积弊已久，危机四伏，又让人担心。官场的水是深是浅，还得林则徐自己去蹚才知道。

第二章　迤逦仕途

京官生涯

在清朝，新科进士一般会先分配到翰林院做一些文字工作，然后再外放实职。林则徐金榜题名后就进入翰林院庶常馆，学习清代的"国书"——满文。

1811年重阳节，林则徐辞京归省，与家人团圆。他的妻子郑淑卿知书达理，博雅多才，经常和林则徐一起谈诗论文，鉴临碑帖，家居生活闲适而又雅致。一年后，林则徐要回京任职，许多朋友作诗相送，鳌峰书院的同学杨庆琛赠诗曰："皋夔期位业，枚马继风骚。"希望他能像尧舜时期的重臣皋陶和夔一样官居显位，又能像汉代的大辞赋家枚乘和司马相如一样文采风流。这代表了家乡的士子们对他的殷切期望。

北行到吴越时，船上有一位老妇人的女儿得了急病，郑夫人稍识医理，为之悉心调治，很快痊愈了。这母女俩非常感谢林氏夫妇的照料，送给他们一册褚遂良《圣教序》《慈恩塔》精拓法帖，虽不贵重，但对热爱书法碑帖的林则徐夫妇来说却是最心满意足的礼物。

年底，他们来到南京，林则徐特地去钟山书院拜望了桐城派古文大家姚鼐（1731—1815）。曾在厦门激赏林则徐的老上司百龄现任两江总督，是雄踞东南的封疆大吏。林则徐带着感激的心情去拜谒他，百龄和这个优秀的后生重逢也很高兴，热情地留他住下过年。林则徐走走停停，一路拜谒访问，直到1813

姚鼐

年 6 月才回到北京，继续到庶常馆供职。

10 月，正当林则徐刻苦学习满文的时候，天理教起义军打进了紫禁城。这次由水旱连发的"天灾"和用人不当的"人祸"共同造成的起义虽最终失败了，但极大地震动了王朝的神经中枢，也引发了林则徐的深入思考。

对于"人祸"，林则徐痛恨那些寡廉鲜耻、尸位素餐的贪官污吏，正是他们的逼迫使百姓铤而走险。1814 年 5 月，他以优异的成绩从庶常馆毕业，成为了一名国史馆的编修，承办《一统志·人物名宦》。在编书的过程中，他接触了大量记载忠良事迹的史料，恭录表彰前贤的文章，赞扬恩公张师诚干练的治才，越发觉得只有提拔重用循吏良臣才能缓和矛盾，避免起义的发生。

对于"天灾"，林则徐利用京师丰富的藏书，查阅了大量资料，精心构筑了一部关于水利、农业、漕运的经济改革著作——《北直水利书》（后改编为《畿辅水利议》）。他求学时就立下经世济民之志，这便是他的第一部经世之作。书中建议在北京周围兴修水利，种植水稻，这样就可以省去南粮北运之费，减轻人民负担。他明确地提出了"养民为本"，与那些勒索欺压农民的恶官酷吏形成了鲜明对比。

在工作岗位上，林则徐勤勤恳恳，在业余生活中，他也很有情趣。他爱好书法，坚持苦临前人法帖，将欧阳询的《皇甫诞碑》与钟绍京的《灵飞经》早晚交替临写，把欧体的刚劲险

林则徐书法：春气遂为诗人所觉，夜坐能使画理自清

绝与钟书的柔润妩媚融会贯通，形成刚柔相济的风格。除了临写法帖，他还经常和师友一起观摩、品鉴、讨论书法的奥妙，舟中老妇所赠的褚遂良法帖也是他们经常讨论的对象。他在写字、品字中陶冶情操，磨练性情，有人说他"理事若作真书，绵密无间"，正说明了书法的影响。

他平时不大喜欢交游，一是认为喜丧来往浪费时间，本来收入也不多，所以懒于应酬；二是因为"京官中实在好学者，百不得一"，没有什么志同道合的朋友。1814年冬，陶澍（1779—1839）等人重启停办多年的消寒诗会，十天半月集会一次，大家饮酒赋诗，谈画论书，雅兴非常。这是住在宣武坊以南的南方小京官知识分子的雅集，故名"宣南诗社"。诗社中有林则徐在鳌峰书院的好友梁章钜，林则徐也于1819年参加了诗社半年的活动。"朝参初罢散鹓鸾，胜侣相携狎猿鹤。"散朝之后，和诗友们流连诗酒是十分愉快的回忆。

小京官官卑职微，难施抱负，两次外差做地方乡试考官给了林则徐一展才干的机会。1816年9月，他到南昌任江西乡试副主考官。他深知考官对学子的去取会影响其一生的命运，所以慎之又慎，无比仔细。精彩的卷子他逐句评点，斥退的卷子也给出详细的理由。发榜后，林则徐去暗访舆论，大家普遍认为这次取中了很多清贫而有才学的学子，把这次的录取榜叫作"清榜"。林则徐看到自己的努力得到了大家的认可，心里轻松又愉快。这次乡试还使林则徐结识了江西学政王鼎（1768—1842），日后他们还将同舟共济、患难与共。

1819年4月，林则徐担任会试十二房同考官，在众多举子中发现一个叫陈沆的人文笔不俗，录取了他，让他去参加殿试。陈沆果然不负所望，夺得了头名状元。林则徐慧眼识才，激动万分。一个叫李纶元的举人没有被林则徐录取，不但没有怨恨，反而拿着自己的诗文登门求教，对他评判文章的公平心服口服。

同年9月，林则徐带着刚取中状元的喜悦到云南主持乡试，做正考官。他出的题目体现了经世济民的用心，严格选拔"有志于学，求付实用"的真才，至于那些华而不实的文章则一概不录取。大批家境贫寒却满腹经纶的真才因为林则徐这位好考官得以报国安民、一展雄才，怎能不欢欣鼓舞？人们纷纷盛赞这次选才是自从汉武帝在云南置郡以来所未有的盛况。看到这么多饱学之士起于林泉乡野，林则徐也为光荣地完成了为国选贤的重任而深感欣慰。

林则徐擅诗，往返云南的经历给了他很多灵感，他于路途中创作了大量诗篇，结集名为《使滇小草》。沿途在驿站换马，他有感而发，作《驿马行》："君不见，太行神骥盐车驱，立仗无声三品刍。"真正的千里马拉着盐车上太行山，累得精疲力竭也没能发挥所长；普普通通的仪仗队用马却在悠闲地咀嚼着上好的草料。这不正是当时朝廷上贤才困厄、庸人当权的写照吗？集中还有很多关心民生疾苦的作品，他关心百姓，百姓也爱戴他。在裕州遇到发大水，周边的百姓自发地抬着林大人蹚水过河，让他感动不已。咏史怀古的《淮阴谒岳忠武祠》："黄龙未饮心徒赤，白马难遮血已红。"对岳飞的景仰之外，还有自己壮志未酬的无限感慨在静静地流露。

林则徐两次出京主考的绩效使他的才能得到了清廷的重视，1820 年他担任江南道监察御史，两次上书言事都被嘉庆帝嘉纳，朝官审核中也被评为一等。6 月 3 日，他被实授杭嘉湖兵备道。林则徐踏上了前往浙江的征途，开始真正地"接地气"的仕途。

青天在世

就在林则徐抵达杭州后几天，清廷发生了一个重大变故，那就是嘉庆皇帝驾崩于承德避暑山庄，皇次子旻宁（1782—1850）继承皇位，改元道光。每一次皇权交接都是一次政治洗牌，而在这次朝臣换血中胜出、接任首席军机大臣的正是林则徐的会试座师曹振镛。新皇帝上台，摆出要大做一番事业的姿态，也给了林则徐理政安民的机会。

道光皇帝像

杭州虽然看起来富庶繁华，事实上官吏腐败，海塘年久失修，洪水肆虐，百姓的生活很困苦。1820年11月到任后，林则徐在浙江巡抚陈若霖的支持下修海堤，兴桑田，保障了人民的生产与生活；又在杭州雷厉风行地查禁花赌，连破大案，惩办犯罪官吏。爱民的举措与刚直的性格，使林则徐如鹤立鸡群，与积弊重重的污浊官场格格不入，他深感孤立、失落与沮丧。

1821年秋天，林则徐的老父林宾日重病卧床，他正好借此机会暂避浑浊的官场，辞官星夜驰家问询。父亲的病渐渐好了，林则徐却萌生了就此退出官场的想法：一方面，他对周围堕落的官员无比愤慨，不愿与之为伍；另一方面，传统文人士大夫归隐林泉的理想在这时更散发着清幽的魅力，让他向往不已。但家人的殷殷鼓励，自己经世济民的志向，都牵动着他的心，他还是要出仕。虽然官场险恶，林则徐最终还是踏上了回京的道路。到了杭州，开明的士绅和曾受惠于林大人的百姓夹道欢迎已经辞官的林则徐，林则徐心里顿时云开雾散，又燃起了为国为民鞠躬尽瘁的热情，笑逐颜开。

　　林则徐回京后，在曹振镛的关照下，得到了道光皇帝的嘉勉，他深感君恩，决心忠君报国。1823年春，他升任江苏按察使，主管司法刑狱，面临的第一个任务就是整理旧案，把重犯提交朝廷秋审。此地官绅勾结，欺压百姓，赋役不均，百姓上诉又遭盘剥勒索，官吏拖沓延宕，致使积案如山。此外，官府压迫和自然灾害造生的盗窃、反抗也屡有发生。林则徐深知司法不公社会就不稳，采取了一系列立竿见影的措施来处理积案。

　　他详定解案章程，使大案小案都有法可循；简化解审手续，就近押送审问，得以快速处理积案。四个月之内，旧案就被处理了十分之九。他审案办案事必躬亲，连验尸都要亲自过问，避免了小人的蒙蔽。最大快人心的是严厉打击那些诬告、欺压百姓的土豪劣绅及其走狗，看着一个个平素横行乡里的恶棍被押送法场，"漏网之鱼"也被惩罚，善良的百姓拍手称快。剔除积弊，惩恶扬善，这就是林则徐来苏要办的最大一案。

　　旧案刚刚清理，新案又摆到了林臬台（对按察使的敬称）的面前。这年夏天江苏发大水，淹坏民房良田无数，百姓生计困难。娄县知县李传簪勘灾报赈不力，耽误了赈灾物资的发放，在灾民的要求下，他同意到省里申请银米。松江知府杨树基认为已过期限，阻拦李知县上报。饥民群集知府衙门大堂请愿，挤坏了栏杆。衙役的厉声呵禁激怒了群众，一个叫严海观的人把折断的栏杆扔向杨知府，后来还伸手打了知府。正当他们打砸吵闹、乱作一团的时候，提督带兵来弹压，驱散围观群众，逮捕了一些闹事的饥民。

在当时社会，请愿是"闹事"，民打官更是绝对不允许。江苏巡抚韩文绮要严令逮捕，严厉纠察，严办"乱民"。林则徐作为主管刑事的按察使，就负责处理这一事件。他抱定了公平公正之心，认为饥民闹事是有隐情的，法度当然不能不顾及，但绝不能穷究严治。经过仔细的审理，林则徐只按律把打知府的严海观判了死罪，情节较严重的十七人处以流放，其他人都遣散了，缩小了打击面。同时把李知县革职流放，杨知府交部议处，体现了公平公正。这样妥善的处理缓解了官民之间的紧张关系，化解了纷争，不仅最终得到了巡抚和皇帝的认可，更得到了民间的一致好评，"林青天"就从这时开始渐渐地叫响了。

处理一案不算困难，解决几十万灾民的生计问题才是真正的考验。地主、奸商趁机囤积居奇，贮存大量粮食不卖，以期抬高粮价，牟取暴利。这更增加了百姓生活的困难，灾民沿街乞讨，四处流浪，造成了严重的社会问题。政府奉劝富户捐出或卖出粮食赈济灾民，反而被他们诬陷为"勒索摊派"。

丁忧在家的户部尚书潘世恩就是为富不仁的代表。他家里有一万多石米，就是不卖。林则徐请他开仓放粮，他却信誓旦旦地说米仓都空了，根本没有米。林则徐微微一笑，说："既然米仓已空，正好我有一些米没地方放，就放在您的仓库里吧。"说着就叫差役封锁米仓。潘家的仆人上前阻拦，林则徐说："潘大人当面跟我说米仓空了，我只不过是借用一下罢了！"第二天，他打开仓库，看到里面堆得满满的米粮，再看看一旁尴尬的潘家人，挥手叫人把这些米拿去赈济饥民。潘尚书自食恶果，只能看着自己的米滚滚流出去，听着百姓对林青天的交口称赞而毫无办法。

想方设法从奸商富户手里挤出一点儿米不能从根本上解决米主囤积、米价偏高的问题，林则徐决定釜底抽薪，运用供求关系调节米价。他派人通知四川、湖南、湖北的米商，说江苏米价正高，吸引他们运米到此贩卖。这些商人受利益的驱使，把大量的米从外地运到江苏，缓解了供不应求的紧张状态，米价自然跌落。这不仅使百姓得到了实惠，还沉重打击了那些囤积商，打碎了他们的暴利发财梦，惩戒了他们的自私与贪欲。灾区的饥民得到了口粮，社会矛盾缓和了许多，逐渐恢复元气，开始新的生活。

林则徐在江苏按察使任上恩威并施，保护了受灾的百姓，打击了害民的官绅，如一阵清风吹开了官场的乌云，露出了湛蓝的青天。江南百姓感念林大人的再生之德，把他的英名传布四方；皇帝和地方高官也很赏识他的认真负责、办事妥当。1824年林则徐四十岁寿辰时，江南官绅、士子门生诗文联珠，吟咏他的政绩德才，真是"恩威沦挟江南北，妇孺欢庐寿者仁"。

在一片盛赞之中，林则徐接到圣旨，让他专门管理江南的水利。江河关系民生，林青天又一次重任在肩，踏上了行程。

治理江河

1824年9月24日，林则徐接到了一封信，打开一看，顿时觉得眼前一黑，天昏地暗。他奉旨专办江浙水利，到任后还没有放开手脚实行自己的计划，就被这一封家书轻轻击溃了。

原来，母亲陈帙在福州病故了。林则徐立即请假回家奔丧，江浙水利没有专人执掌，只能分配给两省的地方官暂代。谁知就在这年的年底，江南高家堰堤坝决口，洪泽湖外泄，淹没了许多州县。更令清廷恐惧的是这导致了与之相连的淮河水位下降，运河里的漕船在这一河段搁浅，北方政府、军队赖以生存的南方漕粮运不到北京，这等于直接断了皇帝的粮道。1825年初，道光帝震怒，把南河河道总督和两江总督统统革职。因为找不到熟练于水利治河事务的官员，便下旨"夺情"，让林则徐回来治河。

夺情，就是起用在家守孝的官员，夺去他对父母的亲情，让他来忠君报国。林则徐在父亲的理解和支持下，舍小家顾大家，毅然领命，素服上任。他马不停蹄地考察各地的决口状况和灾情，孜孜不倦地与相关官吏商议补救的办法。天下着大雨，林则徐身穿素服，徒步走在泥泞的河滩上，督促指挥修堤筑坝。他的裤脚沾满泥水，和工匠挑夫在一起勤苦劳作，谁能看出这个戴孝的人是一位三品的大官呢？

两江总督琦善（1790—1854）和江苏巡抚陶澍正在筹办海运事务，准备把搁浅在运河里的几百万石粮食通过海路运到京津去。这是一项全新的改革，面临的阻力很大，困难重重。林则徐不仅勤勉可嘉，而且极力支持海运，这两个人就联名上奏皇帝，说林则徐办事精详，才堪大用，保荐他去办理海运。可是林则徐在治河时积劳成疾，经常呕吐，浑身浮肿，不敢经风，只能在书信中与相关人员讨论漕运的困境和海运的方式，尽了一份心，他自己不得不回家养病，继续给母亲守孝，直到1827年才再度出山。6月，林则徐到西安接任陕西按察使，10月，调任江宁布政使。他想把老父林宾日和弟弟霈霖接到江宁团圆，没想到11月父亲在途中病逝。林则徐连失双亲，悲痛万分，再次回到福州丁忧守孝。

他守孝期间，一直热心于家乡的公共事业。林家毗邻福州西湖，此湖在西晋时宽四十里，碧波荡漾，美不胜收；乾嘉以来渐渐壅塞，加上岸边的民众围湖造田，挤占得湖面仅剩七里，不仅风光不再，灌溉农田、调蓄洪水的功能也大大下降。林则徐建议当地官员疏浚西湖，砌上石岸，遍种梅树，还把李纲[①]的祠庙移到湖畔。这一工程于 1829 年 9 月完成，恢复了花木繁荫、小舟摇曳的旖旎湖光。他亲自为李公祠题联表达敬仰之情：

进退一身关庙社

英灵千古镇湖山

1830 年 5 月，林则徐服满回京。在京候补期间，他和张维屏、黄爵滋等名流雅集酬唱，也和龚自珍（1792—1841）、魏源（1794—1857）等青年才俊相谈甚欢，建立了亲密的友情。

8 月，林则徐外放湖北布政使，到任后，他带领军民筑堤防水，在堤外撒草籽，种蒲柳芦苇，是非常科学合理的防洪方法。1831 年 4 月，他调任河南布政使，夏天水灾过后，又出现了米荒。林则徐再次运用在江苏任上的方法，调动米商的积极性，平衡市价，取得了良好的效果。8 月，在陶澍的推荐下，道光帝又调林则徐为江宁布政使，到江苏赈灾。他在上任的途中，采买了河南的小麦三万石，到任后和稻米交换分发给百姓，使贫苦的百姓得到了口粮。林则徐在三省的干练作风与务实精神给人民带来了切实的好处，也得到了朝野的一致好评。道光帝对他的

---

① 李纲：（1083—1140）北宋末、南宋初抗金名臣。

表现深感满意，11 月擢升他为东河河道总督。

东河河道总督负责山东、河南两省境内的黄河、运河的监修事务。林则徐到任时是严冬，为了来年的漕运顺利，他不避凛冽的朔风，监督河工疏浚运河。腊月底，天降大雪，滴水成冰，役夫在河堤下来回挑土运雪，洒落的雪被踩化，与土和成泥，冻成了一条条"泥龙"。这极大地增加了施工的难度和危险程度，林则徐不按照完工后清除"泥龙"的惯例，而是走到哪里清到哪里，以免影响挑运，也避免了开化后泥浆被冲刷入河。

防汛用的高粱秆子堆在河堤上，叫作"料垛"。很多官吏在料垛上用"心思"，以次充好，以好盖烂，平时贪污腐败，关键时刻影响防汛大业。林则徐严查这些料垛，亲自逐个抽检，仔细查看料垛的新旧虚实，发现问题即惩办负责的官吏。在他快查到虞城的时候，却听说那里的料垛失火烧毁了。偏偏在长官检查之前失火，林则徐断定一定是守备官员监守自盗，纵火灭迹，责令他们立即补齐，不要玩儿这些鬼把戏，该谁负责一定要追查到底。他的一丝不苟获得了兵民的啧啧称赞，很多人挤到工地上来看亲自查垛的林大人。

在官场久历风雨，接触的大小官吏像黄河水一样每天从眼前流过，可是其中可以信用的人才却似中流砥柱留在了林则徐的心里。几年过后，在治河的时候重逢，他不但仍能叫出当年那些官员的名字，甚至还记得他们是哪里人，让他们既佩服又感动。

林则徐每天都在勤勤恳恳地修堤治河，对黄河的了解逐步加深，他心里渐渐形成了一个大计划——让黄河由江苏改道山东入海。他查阅历史典籍，结合实地调研的结果，觉得黄河就应该从山东半岛北部入海，这样可以使黄淮平原洪水泛滥的几率减低，保护人民的生命财产安全。但是，他深知提出这个宏大的计划将会面临的阻力之大，又因为他马上要调任江苏巡抚，不能继续管理黄河，最终也没有提出这个计划。这是朝廷在掣肘，但绝不是最后一次。后来，黄河因为决堤泛滥而自然改道，正是按照林则徐的方案从山东入海，充分证明了他的高瞻远瞩，也看得出来这位河督为了看破"天机"所付出的努力。

　　林则徐治理江河不辞辛劳，不避嫌怨，认真负责，力除积弊，是当时颟顸①昏聩的官员队伍中少有的能臣、贤臣。道光皇帝闻听他的事迹后大加赞扬："治河大臣查料验垛，从没有像林则徐这样认真的。要是人人都能这样勤勉，积弊自然就廓清了。做官应当这样，做治河的官更应该这样。唉，这样的人太难得了！"

经世济民

　　1832 年 3 月，林则徐因为才干优长，改任江苏巡抚。他既

---

① 颟顸：读音为 mān hān，意为糊涂而马虎。

感念圣恩，又深感任重道远。巡抚是一省最高长官，江苏人民生产、生活的方方面面都要靠他保障，这是真正经世济民的大事业。

当时江苏官场十分恶浊，贪污腐化、因循苟且之风盛行。大部分官员不是贪婪地搜刮民脂民膏，大胆地贪污公款，就是畏葸不前，尸位素餐。林则徐清正廉洁，疾恶如仇，常常为此发脾气。他手书"制怒"两个大字悬于堂上，就是为了控制自己的情绪。但是，他可以压得住自己的怒火，却不能坐视贪官污吏、土豪劣绅鱼肉百姓。他用精明细致的"自察"驾驭下属，江苏官场的风气为之一新。

所谓"自察"，就是要求自己明察秋毫，这样就可以对官场的虚实利弊洞若观火，更好地处理相关事务，酌情升降处置官员。他每天接见僚属士绅，都广泛地问询，聊天看似不经意，其实屏风后边有小吏专门负责做谈话记录。时间长了，林则徐手里就有了大量关于官场、行政、民生等方面的信息。他把这些人提供的信息编号存储，互相对证，发现其中的谎言和谬误。这样，江苏官员孰是孰非、谁诚实、谁狡诈就都明明白白了。那些欺上瞒下、糊涂混事的官吏有了这样一位精明强干的顶头上司，不得不收敛自己的劣行。通过精细的审核，他罢免了一些庸官酷吏，起用了良官廉吏，净化了官场，客观上维护了百姓的利益。

林则徐严于律人也严于律己，他一身正气，又谦恭礼让，不贪名利，赢得了很多正直官员的钦敬。上到两江总督陶澍，下到历任按察使、布政使的怡良、裕谦、李彦章等，提督关天培（1780—1841），都和林则徐都有相同的人生志向，也是生活中的好友。这些人在林则徐巡抚江苏和以后的政治生涯中都和他紧密配合，为他提供了有力的支持。

江苏有一个很让林则徐头疼的事务——漕运，这也是朝廷的一大难题。漕运是把江南的粮食运到北京供应北方军政人员食用的工程。因为水旱等天灾连连，运河水位不定，沿途官吏又贪污治河和运输公款，积弊重重渐成难返之势，一船漕粮运抵北京真是千难万险，耗费无数。江苏是产粮大省，自然也是漕运大省，林则徐在能力所及的范围内剔除积弊，裨补缺漏，尽量维持着举步维艰的漕运，同时大力支持陶澍推行的海运皇粮。他在门生冯桂芬的协助下，把在京时期创作的《北直水利书》改编成《畿辅水利议》，重申在京师周围种植水稻，免去南粮北运的麻烦才是解决漕运问题的治本之策。

1832 年，在林则徐刚上任的时候江苏遇到了大旱，一些见识短浅的土豪劣绅为了灌溉田地竟然私自掘开了黄河大堤，决口一发不可收拾，洪水滔天而来，淮扬地区一片汪洋，人为鱼鳖。这年的赈灾事务还没有办完，紧接着的 1833 年又是大灾之年。大雨滂沱，连绵数月，稻米和木棉还没有长成就霉烂在地里，基本没有什么收成。长江、洪泽湖水位暴涨，再次冲决堤坝，泛滥成灾。

林则徐亲自驾着小舟四处访查灾情，看到人民在饥饿与死亡线上挣扎，真是满目疮痍。他火速与陶澍商议上书请求暂缓征收江南赋税，赈济灾民。道光皇帝名为节俭，实为吝啬，于财赋问题上最为刻薄，就在这时下旨训斥道："江苏近年总是缓征赋税，国家的经费吃紧，怎么能年年缓征？你们这些督抚不为国家着想，缓征让国家吃了亏，还不是肥了下层的官吏，为你们邀买好名声？"

　　一边是鄙吝的皇帝厉声斥责，龙颜大怒如在目前；一边是风雨如晦，雷电交加，黎民百姓啼饥号寒。林则徐忧心如焚，辗转反侧，最终决定要为生民立命，不惜拂逆龙鳞。12月23日，他单衔具奏《江苏阴雨连绵田稻歉收情形片》："臣认为臣工尽职是要以国家为先，而国计与民生实在是不可分割。支撑朝廷的用度都来自百姓，爱护百姓正是为国家着想。今年的漕务臣一定尽心办理，可是百姓连饭都吃不上，还追着他们缴纳赋税，就怕逼急了会滋生事端啊。少一分追索，就多培养一分元气，这个时候应该让百姓休养生息啊……"

　　林则徐顶住压力，为民请命，深受江苏士农官绅的拥护，陶澍也支持他，道光帝最终无奈地同意了缓征。喜讯传开之后，小民们奔走相告，他们嗟叹，他们欢笑，甚至聚在一起流下了激动的泪水，庆祝自己得到了重生。江南江北有亿万百姓，只要一提起林大人的名字，连足不出户的妇孺都知道他是好官。

　　在百姓感念他的恩德的时候，这位林抚台（对巡抚的敬称）

又在忙着赈灾了。朝廷拨的那点儿赈灾款往往被经手的官吏贪污大半，真正发到百姓手里的没有多少。林则徐先是以身作则，发动官绅捐款，募集了大笔赈灾资金，然后派书院里的学生下发。这些学生一般还没有沾染官场的贪腐之气，大多满腔保国安民的热情。现在巡抚给了他们接触政务机会，他们都想好好表现，不但不会克扣款项，遇到特别贫困的还会酌情多发一点。百姓又一次得到了实惠。

林则徐的细心不仅用来考核官吏，还体现在赈灾的细节上。大灾造成很多百姓流离失所，四处逃荒，林则徐搭棚舍粥，救济饥民。舍粥的地点固定，很多百姓要跑很远才能喝上一碗粥，且粥厂拥挤不堪，往往是强壮的人挤在前边，老弱病残抢不上。为了解决这个问题，林则徐雇人挑着粥桶沿途分粥，见到一个饥民就给他盛一碗，保证了每个人都能有粥喝。

这场暴雨造成的灾害直接影响了晚稻的收成，当时江苏农民又不种早稻，所以损失惨重以致无法维持生计。林则徐和按察使李彦章合力推广早稻，但农民不接受。林则徐就在自己府署的后院试种，用丰收的事实让农民相信并跟着种早稻，终于取得了成功。

此外，林则徐疏浚河道，兴修水利，整顿科场，改革盐政，尝试铸币，兢兢业业地治理江苏，真正把少年经世济民的理想付诸实践。就在他为国内的经济事务焦头烂额时，一片阴云越来越近了。

早在 1832 年 6 月，林则徐刚刚就任江苏巡抚时，就有一艘幽灵般的英国船莫名其妙地在中国海边游弋，它的主人叫胡夏米，是英国东印度公司的职员。他奉命来中国刺探情报，先是在广东，后来北上吴淞口，再到山东刘公岛，一路侦查测绘，甚至窥探清军军营。清朝君臣不知道他所来何求，只是本能地严禁他与当地居民贸易，其他方面不作防范。林则徐本想在他南归时截住他搜查，结果胡夏米从琉球南行，再没有经过江苏近海。林抚台正为当时的自然灾害寝食难安，也就没有再追究已经离开中国的胡夏米。

　　现在，这个幽灵背后的黑暗势力正在渐渐笼罩中国，一场更大的灾难，也是对林则徐最大的考验，即将来临。

第三章　禁烟风云

黑云压城

15世纪开始，随着西方资本主义的发展和航海技术的进步，世界逐步为纵横大洋的商船连为一体。西班牙、葡萄牙和荷兰先后角逐于海上，争夺世界霸权。18世纪末第一次工业革命以来，英国凭借先进的政治制度和生产方式，后来居上，超越了以前的世界霸主，成为最大的工业产品生产销售国——"世界工厂"。但它国内市场狭小，迫切地需要海外市场来提供原料、倾销商品，在征服了一系列殖民地之后，富庶文明、人口众多、市场广大的中国自然吸引了它的注意力。

早在乾隆晚年，英国就派遣马戛尔尼勋爵率团访华，希望能和中国建立外交关系，进行平等的贸易。但当时闭塞的清政府虚骄地认为"天朝物产丰盈，无所不有，原不藉外夷货物以通有无"，拒绝了马戛尔尼增开口岸等请求，只在广州一口通商。

东印度公司垄断着英国对华贸易的专权，每年从中国进口大量的茶叶、生丝、大黄等物，而英国生产的毛呢、哔叽①、钢琴、刀叉、钟表等"洋玩意儿"在自给自足的中国却很难打开销路。巨额的贸易逆差只能用白银来填补，精明的英国人不甘心看着白花花的银子这样流入中国。在几十年的探索过程中，他们终于发现了一种可以扭亏为盈的好"商品"——鸦片。

鸦片取自罂粟果实，在中国本是作为一种药物少量进口的，它可以镇痛止泻；但一旦作为烟来大量吸食，就会成为让人上瘾的毒品。清政府自雍正年间就明令禁止吸食鸦片，后来的乾隆、嘉庆、道光皇帝也一再下令严禁。但是鸦片贩子抓住中国官员明禁暗弛的心理，只要给他们足够的贿赂，就能让鸦片顺利进口。

1806 年，林则徐受聘为厦门海防同知书记，帮助海防同知处理与进出口贸易相关的文书，从那时起他就开始接触鸦片的进口、贩卖等事了，深知鸦片危害之大。那年英国输华的鸦片数目为四千三百零六箱，虽然流毒东南沿海，但还没有引起清政府的足够重视。

鸦片输入不断增多，造成的危害也越来越大。看得见的是吸食者形容枯槁，骨瘦如柴，倾家荡产，倒毙街头；鸦片泛滥的地区白天阒然无人，到夜里月白灯红，烟馆里烟雾缭绕，如

---

① 哔叽：用精梳毛纱织制的一种素色斜纹毛织物。

同鬼市。看不见的是大量白银外流，造成银贵钱贱的金融危机，社会暮气沉沉，兵无斗志，士无进取之心，整个中华民族的精神面貌和身体素质悄然下降。

1821年，道光帝感觉到鸦片流毒深重，下达了严厉的禁烟法令："开馆者议绞，贩卖者充军，吸食者杖徒。"林则徐在江苏按察使任上认真落实禁烟政策，取缔烟馆，抓捕烟贩，取得了一定的成效。后来他一直注意搜集和推广戒烟的药方，历任地方官时也都劝谕烟民戒烟。

19世纪初，拉美独立运动和气候变化造成金银减产，世界经济萧条，英国遭遇了经济危机，要转嫁危机，必须扩大市场。东印度公司的对华贸易专利权和中国一口通商、严禁鸦片的政策是阻碍它扩大市场的两大因素。1833年，英国资产阶级借助政治上的胜利通过法令，取消了东印度公司的专利，把贸易权交给商人，派遣驻华商务监督保护英商权益。这些私人企业犹如嗜血的牛虻，比以前更疯狂地往中国输入鸦片。

1834年，首任驻华商务监督律劳卑来华，他蛮横地要对中国采取"急进政策"，妄图使鸦片贸易合法化。在中国政府的抵制下，不但妄想破灭，他自己也在当年身死澳门。他的后任深知中国不可能和英国平等贸易，就采取"沉默政策"，以澳门为据点，以零丁洋上的鸦片趸船为活动的贩毒巢穴，把鸦片贸易转入地下。

一艘艘英国商船乘着季风把印度、孟加拉的鸦片运到这些趸船上，再通过武装走私船"快蟹"运到岸上和十三洋行的买办与零售商人进行交易。沿海地区，鸦片贩子、洋行买办、倒卖商人、运输人员、补给人员、瘾君子们形成了一条鸦片进口贸易链，又通过倒卖商人贩运到全国，供各地的烟馆和烟鬼使用，一条条利益链条织成一张覆盖全国的毒网。这是一个庞大的鸦片贩卖集团，人数在百万以上。

另外，从海关人员开始，地方和中央的各级官吏里都有人从鸦片走私中取利，并且利用自己的权力荫蔽着这黑暗交易的进行，这个受贿人群间接地包括皇帝。这又是一个巨大的鸦片受贿集团。在他们的庇护下，一次比一次严厉的禁烟法令都成了一纸空文，权与钱交易之后，鸦片照样滚滚流入中国的海关。鸦片贩卖集团和受贿集团是由最黑暗的社会势力和最腐朽的官府势力组成的，他们狼狈为奸，互相利用，扎根于清朝的腹心，牺牲中国人民的精神和身体健康，牟取血腥肮脏的暴利，是外国鸦片贩子腐蚀中国的帮凶。

19 世纪 30 年代末，英国每年向中国输入的鸦片已经达到了四万箱左右，价值两三千万元。这些鸦片经过处理，足够上千万人吸食。鸦片贸易造成的白银外流之严重，社会危害之深广，就像笼罩在古老中国头上的一片浓重的乌云，使道光帝不得不忍痛放下每年从粤海关获得的巨额贿赂，考虑禁烟的问题。鸦片不禁，则国无宁日，江山不保；严禁则触及很多人的利益，阻力很大。到底何去何从，这个讨论从大臣中渐渐开始。

弛禁之争

1834 年前后，广州的官绅中普遍流行着弛禁鸦片的主张，也就是使鸦片贸易合法化，代表人物有吴石华、按察使许乃济等。他们主张弛禁的文章说服了广东的督抚，并且辗转地上奏到了道光皇帝那里。同时，北京的南方小官僚、士大夫也形成了一个主张严禁的集团，代表人物有黄爵滋、张际亮等。他们痛陈鸦片之害，请求皇帝下旨严禁鸦片贸易。

那么道光帝到底是什么态度呢？他一方面深知鸦片流毒日深，不利于江山社稷千秋万代，而且作为"天朝上国"，承认鸦片贸易合法并且从中取利是很没面子的事。他表面上一贯是主张严禁的，只不过落实过程中缺乏力度。另一方面，他目光短浅，又很贪婪，每年粤海关上百万两白银的岁入和奉上的孝敬又实在舍不得放弃。所以他既不批评弛禁派的主张，也不采纳严禁派的建议，只是把这个问题交给大臣讨论。

1836 年 6 月 10 日，在京任太常寺卿的许乃济根据吴石华的《弭害论》，上奏明请弛禁。他提出：把鸦片按照药材合法进口，和中国商民以货易货，避免白银外流；让内地的百姓自己种植罂粟，用土烟抵制洋烟的进口；规定官吏、士子、兵丁不许吸食鸦片，其他人不作要求。

此论一出，朝野舆论大哗，两广总督邓廷桢（字维周，号嶰筠，1776—1846）等官员经商议后持赞成态度，而严禁派的官员则大力抨击许乃济的弛禁论误国害民。英国鸦片贩子和商务监督欢呼雀跃，以为开禁之日不久就会到来。

9月，礼部侍郎朱嶟、兵科给事中许球前后上书反驳许乃济的弛禁论：说什么以货易货，怎么保证商民就不用白银购买鸦片？鸦片比茶叶贵许多，中间的差价还不是要用白银来填补？中国自产的鸦片口味淡薄，进口的鸦片口味浓烈，烟鬼肯定留恋洋烟，土烟根本抵制不了。允许农民自种鸦片，反而会使廉价的土烟泛滥，流毒更广。官员、士子、兵丁不许吸，其他人不管，请问谁生下来就是官员、士子、兵丁？中国人民中这三类人不过十分之一，那么就任由十分之九的人民受害？况且有钱吸毒的人多处于社会中上层，禁也禁不了；下层百姓本来吸毒的不多，现在放任自流，无异于鼓励不吸的人去吸，这样岂不是上未禁而下又开，全国一起吸毒？明明知道是害人的毒品，却听任其流行，还要从中征税，我们堂堂天朝的体面何在？

这铮铮的驳斥让弛禁论者颜面扫地，也让官员们不敢再明言弛禁。1837年1月，赞同弛禁论的邓廷桢等人上奏，放弃先前主张，请求严禁鸦片。

有一群人，在这场争论中一直冷眼旁观，他们就是以军机大臣穆彰阿（1782—1856）为首的"中立派"——鸦片受贿集团。他们不同意弛禁，因为一旦鸦片贸易合法化了，谁还会贿赂相关的官员呢？这就影响了他们跟着利益分沾。他们也不同意严禁，要是真的断绝了鸦片贸易，就更是断了他们的财源。弛禁论盛行的时候，他们就说鸦片贸易伤风败俗，不道德不健康；严禁论占上风的时候，他们又说吸食贩卖的人数众多，措施太激烈恐怕会生事端。表面上他们严守中庸之道，总是正确的，其实这个数目庞大的"中立派"才是鸦片贸易最坚定的支持者，也是禁烟运动最大的威胁。他们心里有自己的小算盘，只不过在皇帝禁烟心切的时候，他们聪明地选择了暂时沉默罢了。

林则徐在这场争论中一直坚决地站在严禁派的立场上。作为江苏巡抚，他在江苏境内大力禁烟，破获走私贩卖鸦片案数起，"熬审"（即不给嫌疑犯鸦片，时间长了，烟瘾一犯便自现原形）烟鬼，取得了显著的效果。对外他严查海口，缉拿奸商，堵住鸦片的流入；对内他劝谕百姓，严禁种植罂粟，阻断自产自销之路。他在民间广求戒烟药方，发给烟民戒除。经过他的整顿，江苏的烟患基本消除了。

1837 年初，林则徐奉旨进京。道光帝多次召见他，并且擢升他为湖广总督，管理湖南湖北一切军政大事。林则徐大约就在这时面奏了他的《畿辅水利议》，为解决漕运的困境提供了新思路。3 月，他离京南下途中经过直隶省会保定，与道光帝的亲信宠臣、直隶总督琦善晤谈。琦善老于世故，善用权谋，见事机警，深得道光帝的倚重。他在禁烟问题上是"中立派"，和林则徐话不投机；听说林则徐建议在京畿地区兴修水利、种植水稻，更是嫌恶他越俎代庖，有心犯上；再加上满人对汉族官员一贯的猜忌，琦善对林则徐印象很不好。

在林则徐就任湖广总督之前，英国人查理·义律（1801—1875）先于1836年12月就任第四任驻华商务监督。他熟悉中国的商务和官场，胆大心细，野心昭昭，是英国鸦片贩子的保护伞和勾连政府的后台。1837年10月，两广总督邓廷桢的奏报得到批准，进一步推行禁烟，广东的空气越来越紧张，但鸦片贩子查顿、因义士、颠地等人仍然在义律的支持下肆无忌惮地进行武装走私。他们在巨额利润的诱惑下铤而走险，用重贿买通巡海的水师和海关的胥吏①，靠航速快、有火炮的武装走私船闯过炮台的封锁，把鸦片运到广州。贩烟者与禁烟者都已剑拔弩张，鸦片泛滥已经到了不禁不行的地步。

查理·义律（Charles Elliot，1801—1875）

林则徐在湖广总督任上继续推行在江苏的禁烟措施，配合

---

① 胥吏：旧时官府中办理文书的小官吏。

着全国越来越高涨的禁烟运动。与此同时，他在北京结交的一位老熟人的奏折把禁烟运动推向了新的高潮。

小试牛刀

1838 年 6 月 2 日，鸿胪寺卿黄爵滋上《请严塞漏卮以培国本折》，再次在清朝的最高统治层引起了轰动，把禁烟的浓重气氛又增添了几分。

鸿胪寺卿黄爵滋严禁鸦片的奏折(节录)

黄爵滋痛陈鸦片之害，并分析此前禁烟措施的不切实际。首先，所谓"严查海口"，那些海关检查人员经手几千万的走私贸易，到手的贿赂不下百万，谁会严查死守？其次，所谓"禁止通商"，鸦片贩子早就把零丁洋上的趸船当作贩卖基地了，为了高额的利润，自有中国商民去那里和英国人交易，关闭了广州通商口岸有什么用？再次，所谓"查拿烟馆烟贩"，殊不知贩卖、开馆的人早就和官吏兵丁串通一气，怎么能真正肃清？最后，让百姓自种土烟抵制洋烟，土烟不够味儿，需要洋烟掺着吸食，这不是又为鸦片贩子大开财源？

总而言之，耗费白银是因为鸦片贸易兴盛；鸦片贸易兴盛是因为吸食的人太多。既然官吏兵丁已经很难阻拦鸦片的进口，那就从吸食者入手，严惩吸食者，鸦片卖不出去，进口量自然就会减少。他提议给烟鬼一年时间戒烟，逾期仍犯的罪以死论，官员吸食的罪加一等，取消其子弟的科考资格。

道光皇帝正为连年禁烟不见成效发愁，黄爵滋的奏折给了他新的启示——以前都是查禁贩卖鸦片的，这次重办吸食鸦片者。他知道这件事阻力很大，困难重重，但还是希望能探索出好办法来。所以，他把黄爵滋的奏折下发给各地的将军、督抚讨论。

湖广总督林则徐接到上谕后，立刻研究黄爵滋的奏折并拟折回复。除了非常支持黄爵滋查拿吸食者的见解，他还提出来一些具体的措施：责成州县官吏、地保、甲长收缴烟土、烟膏、烟具；加重开馆贩烟的罪刑，限期自首；"熬审"吸食者，促令其改过自新，把一年的期限分四期，过一期未戒除就罪加一等。同时他还把多年搜集的各种戒烟断瘾的药方——《救迷良方》一并呈上。最后，他语重心长地申述这次禁烟的重要性：黄爵滋的奏折颁布四海，不仅中国臣民家喻户晓，连外国鸦片贩子也心知肚明。如果这次禁烟再不了了之，那么中外的奸商刁民会更加无视国家法度，所以一定要上下一心，誓除此害，这是国运的一大转机啊。

林则徐和湖南湖北的地方官紧密配合，开始了第一次大规模的禁烟运动。他颁布禁烟法令，刊刻《救迷良方》，收缴烟土、烟膏、烟具，查封烟馆。对于真心悔过的吸食者，他暂免治罪，发给戒烟药丸，帮助他们戒除烟瘾。7月，禁烟派中的张际亮从北京来到湖北襄助林则徐，轰轰烈烈的禁烟在大江南北展开了。

汉阳、江夏两县是禁烟运动的先锋，首先破获了许多贩烟、吸食案件，缴获烟枪一千二百六十四杆。8月27日，两县官员把这些烟枪送到武昌总督府门外，林则徐带领手下官吏逐一查验烟枪，当众刀劈火烧，投入大江。这些烟枪不仅是吸毒的工具，很多还是由象牙、金银等贵重材料制成的，穷极工巧，浪费人力物力，当众付之一炬，是禁烟的初步成果，也是对腐朽文化的一次打击。中国历史上，第一个公开认真地销毁烟枪，显示禁毒决心的人，就是林则徐。

严厉的禁烟政策使烟贩烟鬼们闻风丧胆，纷纷改行或者自首。除了官府配置的戒烟药之外，各地药铺的戒烟药也都卖得很好。许多吸食者开始自觉地服药戒烟，说明他们并非都是奸民、顽劣不可救药。有一位妇人在路边磕头感谢林大人的再生之德，说她的丈夫已经吸食鸦片几十年了，居然通过药物治疗渐渐戒除了，而且现在身体正在慢慢康复。对怙恶不悛者，林总督有要命的法令；对知过能改者，林大人有救命的良方。刚柔并济，软硬兼施，林则徐不但原则性强，而且方法灵活，打响了个漂亮的禁烟第一仗。

黄爵滋的折子下发到各地督抚、将军手里研究讨论，大家基本上都承认白银外流是鸦片输入造成的，但是就应该先治贩卖者还是先治吸食者，产生了不小的争议。以琦善为代表的守旧势力认为吸食者太多，法不责众，如果全国兴大狱，就不符合圣朝宽大的原则；吸食者治不完，贩卖者还是会把鸦片运进来，所以还是应该治贩卖者。以林则徐为代表的抵抗势力针锋相对地提出：给一年时间戒烟就是圣朝宽大之表现，逾期不戒则为明知故犯，不应姑息；治吸食者不代表不治贩卖者，而是一律加大打击力度。

守旧势力把重治贩卖者作为"祖宗成法"，实际上是继续明禁暗弛的路子，明着的一手拿着禁烟法令威吓鸦片贩子，暗中的一手向他们索取贿赂然后放行。这些人实际上就是上次关于许乃济弛禁论的争论中的那些"中立派"的延续，是为了一己私利不顾国家人民生死存亡的目光短浅的小人。这场争论也暴露出了清朝最高统治阶层关于禁烟问题的思想不一致。大清国的禁烟运动好比一条船，两侧划桨的水手心不齐，眼不往一处看，力不往一处使，不但很难到达成功的彼岸，而且还有倾覆的危险。

林则徐翻看着邸报 ①，颟顸的佞臣、犹疑的皇帝，都让他担心，他害怕刚刚有起色的禁烟运动再被打击下去。10 月初，他

---

① 邸报：又称邸抄，是专门用于朝廷传知朝政的文书和政治情报的新闻文抄。

满怀忧愤地泣血上奏——《钱票无甚关碍宜重禁吃烟以杜弊源片》，这是有清一代最有名的奏折之一，也为揭开近代史的序幕吹响了号角。

请将开馆兴贩一体加重，仍不敢宽吸食之条者，盖以衙门中吸食最多，如幕友、官亲、长随、书办、差役，嗜鸦片者十之八九，皆力能包庇贩卖之人，若不从此严起，彼正欲卖烟者，为之源源接济，安肯破获以断来路？是以开馆应拟绞罪，律例早有明条，而历年未闻绞过一人，办过一案，几使例同虚设，其为包庇可知！即此时众议之难齐，亦恐未必不由乎此也！

这就一针见血地揭露了以前屡禁不止的原因——派去禁烟的人多是既得利益者，不打击既得利益者，他们也不会打击鸦片贩子和吸食者。尤其是最后一句，无疑把朝中那些明里暗里阻挠禁烟的大臣的小心思曝光于天日之下，他们也是从中获利者！

当鸦片未盛行之时，吸食者不过害及其身，故杖徒已足蔽辜；迨流毒于天下，则为害甚巨，法当从严。若犹泄泄视之，是使数十年后，中原几无可以御敌之兵，且无可以充饷之银。兴思及此，能无股栗？

外国侵略者靠鸦片图财害命，已经把中华民族逼到亡国灭种的边缘了！再不重视禁烟的问题，采取切实有效的措施，国家已经入不敷出的财政将会彻底枯竭，已经废弛多年的国防将会彻底崩溃！想想这些后果，统治者怎么能不心惊胆战？

黄爵滋的奏折还是以讨论怎样避免白银外流为主，林则徐的折片则升级到陈述鸦片误国害民的巨大危害，这代表了清廷认识禁烟问题的一个重大进步——把鸦片的危害从财政危机提升到了事关生死存亡的民族危机。

这一纸言辞恳切的奏章确实让道光皇帝心里一惊。其他督抚的奏报也让他认识到鸦片泛滥造成的后果将不堪设想，在反复的权衡中他终于下定决心，放弃鸦片带来的眼前利益，为了大清江山的长治久安，打破明禁暗弛的老套，真正实行彻底禁烟。

为此，他把提出弛禁的许乃济降为六品，让他立刻离岗回家；然后，宣召禁烟最为得力、办事一贯让他放心的湖广总督林则徐进京陛见。

钦差赴粤

1838年12月下旬，在两湖地区监督开展如火如荼的禁烟活动的林则徐接到圣旨，安排好湖广事务后起身北上进京。

这时候，禁烟运动在全国逐步展开，广东、福建、云南、奉天（今辽宁）、天津相继拿获鸦片贩子，缴获烟土、烟具等。广东渔民多次驾驶渔船烧毁鸦片武装走私船"快蟹"，戏称为"蒸大蟹"；农民也捣毁烟馆，把鸦片贩子拉到街上挂牌示众。广州官吏把几十名鸦片贩子在十三行商馆广场执行绞刑，震慑外国不法商贩。外国商贩妄加阻挠，被近万名广州群众包围并迎头痛击，最后狼狈逃窜。义律感觉到了英商在内河贸易的危险，就让所有英商船只驶出虎门，等他们撤出内河之后，邓廷桢重开广州贸易。

12月22日，林则徐到达河北安肃县，琦善从北京跑来会晤，他们一直谈到半夜。林则徐偶然说起琦善手下的某人才堪大用，琦善心中不悦，觉得属下的人是否贤能自己还不清楚吗？还需要外人来推荐？林则徐心胸坦荡，只知为国荐贤，却忽略了推荐别人属下的人才会被误解为说人家不知人善任。光风霁月的人最怕遇到小人以己之心度君子之腹，不幸的是，琦善正是这样的小人。林则徐力主禁烟，琦善却警告他不要挑起边衅，就是提防禁烟过严会引起战争，希望他不要煽动皇帝轻举妄动。这才是琦善特地在林则徐进京面圣之前跑来给他打预防针的真正目的。林则徐微微一笑，没有给出琦善渴望的保证。

26日，林则徐抵京。次日开始，道光皇帝连续八天每天都召见林则徐，进宫之后，他亲切地问候，还赐给林则徐毡垫坐，免得他在寒冬腊月跪在地上受苦。第三天皇帝还问他会不会骑马，林则徐说会，于是赐给他"紫禁城骑马"的殊荣。第四天，林则徐就骑马入宫，毕竟是文官，骑马有些局促，皇帝得知之后跟他说：你骑不惯马就坐小轿吧。以后四天，林则徐都是坐着小轿舒舒服服地进宫面圣。八次召见谈话林则徐都是坐在毡垫上进行的。沐浴着皇帝这样的"隆恩"，林则徐感激莫名，更坚定了忠君报国之心。

琦善不是让他小心边衅吗？林则徐首先就向皇帝承认，严力禁烟确实可能会引起中英之间的武装冲突，但是只要做好准备，敌人没有那么可怕，希望皇帝不要被妥协派的耸听危言束缚住手脚。此时的道光帝还沉浸在天朝上国的迷梦中，认为外夷难以抵挡"天兵"，所以也不再顾虑，为林则徐加兵部尚书衔，让他筹办海防。然后林则徐为皇帝解收入减少的心结，禁烟的确会暂时减少海关贸易额，但是只要肃清鸦片，正常的贸易开始以后，照样是财源滚滚，而且不用担心白银像现在这样大量外流。道光帝表示理解，放弃了鸦片贸易带来的黑色收入。林则徐还请皇帝晓谕外国，禁止他们生产、销售鸦片，从源头上断绝鸦片。道光帝也表示同意，让他和邓廷桢商议着办理。

1838 年的最后一天，道光帝任命林则徐为钦差大臣，让他去广东查办海口事务，广东的水师也归他节制。他希望林则徐这一去就禁绝鸦片，为国家永除此患，一劳永逸。不管道光帝的目光能看多远，至少这一步他是走对了。朝中的妥协派穆彰阿等人被堵住了嘴，暂时消停了他们的"中庸"言论，但是他们私下对林则徐咬牙切齿，恨他断了自己的财源。林则徐也深知这些妥协派是他禁烟的心腹之患，但为了维持民族延续、保护人民康健、挽救财政危机，他决定冒死一搏，赴汤蹈火，在所不辞，早已把个人的安危置之度外了。

林则徐的好友龚自珍和会试座师送上了他们的担忧和祝福，在他们关切而充满希望的目光中，林则徐于1月8日启程南下。他轻装简从，不让沿途的官员铺张浪费地接待，用过一点家常便饭就赶紧上路。一路上他一直关心着广东的鸦片泛滥与禁烟运动，任用得力的官吏为他打探消息，所以他人未到广东，却已经对那里的情形有了很深入的了解：谁走私鸦片、谁卖国通敌、谁包庇犯法，林钦差心里都有数。

　　两广总督邓廷桢在任上认识到鸦片贸易造成漏银和危害国民身心的事实，逐渐坚定了禁烟的决心。他和广东巡抚怡良、广东水师提督关天培紧密配合，一方面查拿烟贩，杜绝鸦片走私；一方面加固炮台，筹划防卫，做出了一定的成绩。邓廷桢闻听朝廷派遣正直无私、才高志坚、胆大心细的林则徐为钦差大臣来粤禁烟，他和广东的正直官员都很兴奋。他们给还在路上的林则徐写信，表示要和钦差大臣"协力同心，除中国大患之源"，还发誓如果有负初心，就万劫不复。林则徐获得了这些好战友和好帮手，心里既踏实又喜悦。

　　钦差大臣还没有到广东，抓人的名单已经悄悄送来，几十个汉奸、鸦片贩子和包庇走私的官吏、兵丁纷纷落网，百姓拍手称快。英国鸦片贩子也不敢那么嚣张了，他们似乎能感觉到这位钦差大臣非以前那些"名为圣主除秕政，实行聚敛肥私门"的腐败官吏所能比，再也不能小看了。大鸦片贩子查顿慌慌张张地逃回本国，另一个大毒枭颠地也退到了海上远远地徘徊观望。停泊在零丁洋上的鸦片趸船则开到了较远的海域暂避风头。查禁一天比一天严格，陆陆续续已经有两千多名鸦片吸食者和贩卖者被捕，其中的重犯被押解到十三行广场执行绞刑，外国鸦片贩子降旗抗议，那也不能阻拦中国官员在自己的领土上行使主权。广州的空气是紧张了一些，但是干净多了。

羊城中在搜查抓捕，林则徐在昼夜兼程。1839 年 3 月 10 日，广州天字码头十分庄严肃穆，官兵和仪仗队站得整整齐齐，外边是层层围观的百姓。不远处的接官亭两侧彩旗飘飘，地上铺着红毯，站立着很多翘首以盼的官员，顶翎辉煌，黼黻灿烂。高大的官舟上大旗高悬，渐渐驶进码头。上书"钦差大臣"的回避牌分列两厢，鼓乐声中，林则徐脸上带着严肃而坚决的表情，在广东官员和百姓的注视下从容登岸，上接官亭，代表皇帝庄严地接受文武众官请安。然后他以个人的身份问候两广总督邓廷桢、水师提督关天培、广东巡抚怡良、粤海关监督豫堃等，和他们亲切地交谈，这时才露出了真诚的笑容。

林钦差抵粤，广东的文武官员、黎民百姓、奸商烟鬼、外国烟贩各自怀着不同的情绪，都在等着看他的行动。这一年，林则徐 55 岁。

严令缴禁

钦差大臣林则徐奉旨来粤禁烟，面对的不仅是强悍的对手，而且是一群很陌生的对手。他开始甚至以为英国人穿着紧绑着腿的裤子膝盖就不能打弯儿，一旦到了陆地上就跑不快，只能任人宰割；还以为英国人离了中国的茶叶和大黄就不能生活。可见当时中国人对外国的情形还是一片蒙昧。林则徐深知不了解对手就难以取胜，不下定决心就不能彻底清查，所以题写了一副对联勉励自己："海纳百川，有容乃大；壁立千仞，无欲则刚。"他就是要靠"海纳百川"的心态开眼看世界，靠"无欲则刚"的性格和狡诈的英国人抗争到底。

他首先四处访查熟悉夷情的中国人，和他们交谈，了解外国人的情况。他还雇用了两个长期为外国人服务的厨子来给自己做饭，没事儿和他们聊聊，就能知道很多夷人的生活细节。经友人介绍，他还结识了开明的士大夫梁廷枏，每次和他畅谈海关大事都很尽兴。他逐渐发现看报纸是洞察夷情的好办法，就搜集了很多外国人出版的报纸，如《广州周报》《广州纪事报》《中国丛报》等，还有一些英文书籍、宣传册等资料，召集小德（袁德辉）、亚孟、亚林等一帮通晓外语的人进行翻译。他不仅认真阅读他们翻译过来的资料，还自主学习了一些英语和葡萄牙语单词。作为饱读诗书的"天朝上国"士大夫，他抛弃偏见去学习夷人的语言，真可谓是"海不捐细流所以成其大"了。

林则徐听说鸦片贩子把趸船开到了外洋，他料定他们不会回本国，更不会自行处理鸦片，一定会想方设法把鸦片卖到中国来。只有收缴并彻底销毁这些鸦片，才能杜绝烟患。官府不好和鸦片贩子直接打交道，林则徐想到了十三行洋商。十三行是清朝设在广州和外国人交易的十三个洋行，现在还剩十一行，以怡和行的伍绍荣和广利行的卢继光为首。他们勾结鸦片贩子，走私贩卖，通风报信，包庇外商，从中取得了巨大的利益。既然鸦片贩子是靠十三行洋商和中国贸易的，那么让外国人交出鸦片还得找他们。

3月18日，林则徐、邓廷桢、怡良突然召洋商们到越华书院钦差行辕来训话。这些洋商心里有鬼，战战兢兢地低着头跪在地上。林则徐大义凛然地痛斥这些贪利媚外的洋商："你们明知道鸦片都卸在零丁洋的趸船上，还敢欺上瞒下地保证外国商船不携带鸦片？简直是梦话！天天和夷人打交道，为他们走私大开方便之门，要说你们没从中取利，谁信？都是你们勾结海关那些不法胥吏，放纵鸦片贩子进口害人，偷漏白银，还说

粤海关外洋船牌，它是1745年粤海关颁发给瑞典王后号的航行中国的通行证

什么'以货易货'，全是扯谎！"洋商们被钦差说中心里的小算盘，全都开始打哆嗦。洋商头子伍绍荣获利最多，心虚胆战地说："林大人，我愿意献出全部家私抵罪。"林则徐回头指着他的鼻子大喝一声："本大臣不要钱，我要你的脑袋！"说着把一纸谕帖摔到他们面前，叫他们带话给外国商人，最好尽快照此办理。把这些洋商轰下堂去以后，林则徐派兵悄悄包围了商馆，以免出现意外。

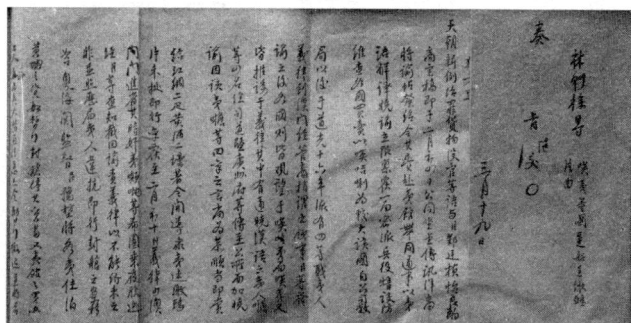

林则徐向清朝道光皇帝奏报收缴鸦片情况奏折

伍绍荣等人回去后赶紧去找外商，打开林钦差的谕帖向他们宣布："钦差大臣林则徐大人下了命令，他说你们走私鸦片谋财害命，人心共愤，天理难容，叫你们三天内交出所有鸦片。另外，还得签一个保证书，内容是这样的：'嗣后来船，永不敢夹带鸦片，如有带来，一经查出，货尽没官，人即正法，情甘服罪。'这次是来真的了，你们看他说的：'本大臣自京面承圣谕，法在必行……**若鸦片一日未绝，本大臣一日不回，誓**

与此事相始终，断无中止之理！'最后他叫你们记住这是在中国，不要说军队整装待发，士气高昂，就是平民百姓都在摩拳擦掌，希望你们认清劳逸多寡，尽快按令行事！"就在同一天，粤海关的豫监督也下令暂停办理外商去澳门的业务，把他们控制在广州附近。外国鸦片贩子感觉空气越来越紧张，好像呼吸都困难了。

19日，鸦片贩子开始问洋商缴烟之后的赔偿问题，洋商也不知道官府的态度，只能说也许赔偿一小部分烟价。叫鸦片贩子缴烟无异于砸了他们的饭碗，但是不交好像真的过不了这一关。伍绍荣劝他们先交出一小部分，甚至愿意自己出钱赔偿鸦片贩子的一小部分烟钱。嗜利如命的鸦片贩子还是不愿意缴烟，日子又过了两天。21日是缴烟的最后期限，一大早外商就聚群开会，鸦片巨头颠地大放厥词，就是不交鸦片，打算拖延了事。大部分鸦片贩子也舍不得自己的"宝贝"，赞同颠地的看法，觉得实在不行还可以像以前那样贿赂，哪有不受贿的中国官员呢？这样一想，又拖了下来，太阳渐渐地从江面落下去。

天黑之后，洋商们慌慌张张地跑进外国商馆，向他们报告刚从林大人那里听到的口谕："如果不马上答应缴烟，明天上午我就亲自去十三行公所处置，先审讯洋商，杀他两个再说！"洋商们焦急万分地劝外商赶紧交一些鸦片，否则掉脑袋的是中国洋商！颠地等英国商人依然顽固地反对缴烟，因为他们主要就靠鸦片盈利；美国商人以正当贸易为主，不想因为少量的鸦片断了和中国的贸易，所以同意交出烟土。争吵持续到半夜，终于勉勉强强决定凑出一千零三十七箱鸦片交上去应付这位较真的林钦差。

22日，林则徐"笑纳"了这一千多箱鸦片，听说美国商人还算顺从，就是英国商人难办，尤其是那个大毒枭颠地最为猖狂，就下令传讯颠地。颠地以24小时必须放回来等条件拖延不去。

在澳门的英国驻华商务监督义律听说英国商人受了"不公正"的待遇，立刻开始叫嚣对抗。他先是叫英国商船到香港去寻求那艘小得可怜的单桅军舰庇护，再狂妄地质问总督邓廷桢，中国政府的这一系列行为是不是想要作战？气焰嚣张，不可一世，他以为这就可以吓倒广州的官员。第二天，他又污蔑中国政府调集军队、在十三行广场执行绞刑等合理行为是"战争前奏"，并以要撤走所有英商相威胁，看到这一切都无济于事后，他气急败坏地从澳门返回了广州。

24日，义律一到广州就来找颠地，其他英商纷纷跟在他后边请他做主。商馆周围的人以为他们要逃跑，立即发出警告。一呼百应，商馆立即戒严，群众呼声如雷，把里边的夷人吓破了胆。林则徐早就看透了义律和颠地他们是不会心甘情愿地乖乖交出鸦片的，决定以静制动。他先叫豫堃把黄埔的货船封舱，暂停贸易，然后撤出外国商馆里的中国买办和工人，最后让水师官兵包围商馆，防范夷人出入。他警告外商，最好马上按照上次的命令交出鸦片，否则就奏请皇上，封锁海关，永绝贸易，断了他们的财路。

这些养尊处优、让人伺候惯了的"绅士们"这下可犯了难，就算饮食一时不愁，扫地、做饭、洗衣、铺床都得自己来，英国老爷们哪里过过这种日子？25日，义律威胁邓廷桢如果再这样就要"做相应的行动"。邓廷桢当即回复他，如果不缴烟，休想离开广州。一看强硬的口气不起作用，义律开始放下架子来和中国人好好说话。他请求广州政府派员来商馆商议相关事宜，并且尽快让工役进馆服务。邓廷桢派广州知府等人去和英国人谈判，结果他们没有一点诚意，避而不出，把中国官员晾在了外边。

一涨一落春江水，一反一复小人心。义律反反复复的撒泼抵赖行径让林则徐极为愤慨，他看出了义律这个半官方身份的商务监督是比颠地等鸦片贩子更难对付的角色。他贴出告示，晓谕英夷：

按照我们中国的法律，不仅贩卖鸦片者要处死，连吸食者也不放过。你们谋财害命这么多年，所害的岂止是一家一人？难道中国人犯法该死，单单你们不该死吗？现在我只叫你们交出趸船上的鸦片，已经是便宜你们了，哪有让你们再多赚钱、再引诱我们中国人买食鸦片自找死罪的道理？

你们来广东经商，利润不下三倍，不但用你们的货物赚中国的钱，还用中国的货物赚各国的钱，就算是断了鸦片这一项贸易，别的买卖还多着呢。你们仍然可以致富，又不犯法，又不造孽，多好啊！要是因为鸦片禁绝了贸易，你们根本就没法维持生计，这不是咎由自取吗？

你们贩卖鸦片，毒害人民，早已触犯众怒，还是小心为是。

林则徐为国家民族仗义执言，理直气壮，办事讲究方法，既有原则又会灵活变通，他软硬兼施、恩威并加的政策让义律和鸦片贩子实在无言以对，无计可施。27日，义律不得不让英商准备交出鸦片。关于赔偿问题，他说会由"女王陛下政府决定"，这就把查禁鸦片造成的官府与走私贩之间的矛盾升级为中英两国政府之间的对立了，义律包藏祸心，蓄意挑起战争，早就不言而喻。

28日，义律报告趸船上的鸦片一共是两万两百八十三箱，每箱是四十个鸦片球，每个约重三斤，一箱是一百二十斤，总共超过两百多万斤。试想若不严令缴禁，这些鸦片流入内地，会戕害多少生命，偷漏多少白银？其中查顿自己就占了七千箱，颠地也有一千七百多箱，怪不得要他们交出鸦片就像要他们的脑袋一样困难。

林则徐接到报告，对要收缴的鸦片心里有了底。他命令英国人把商馆里的鸦片运到外边，听候查验；黄埔货船中的鸦片，等待政府派人验收；澳门、零丁洋以及外洋趸船、商船上的鸦片，叫义律写信召回沙角，定期缴纳。他和邓廷桢一起到虎门会同关天培逐船验收，一丝不苟，就像他当年治河的时候逐个检查料垛一样。另外，他传谕各国领事，让他们也尽快催商人交出包藏的鸦片；还警告伍绍荣等洋商："你们是官商，要是敢私自许给夷人烟钱，事后挪款赔偿，小心你们的脑袋！"伍绍荣连说不敢不敢，唯唯诺诺地退下。

林则徐按事先约定，给义律和英商送去了一些牛羊和食物作为缴烟的奖励，义律毫不领情，又生事端，非要林则徐撤去商馆的包围，允许自由活动。他想只要一离开广州，什么缴烟承诺都可以翻脸不认账。林则徐看破他的诡计，严防死守，就是不让他出来。义律又想把缴烟事务交给副监督参逊办理，推卸自己的责任。林则徐怕节外生枝，不同意换人，直到义律保证不失信，否则论死罪之后才放参逊出海联络英商船只。

4月2日，林则徐明确承诺，鸦片交出四分之一，就允许英国人雇佣买办、工役；交出一半，允许乘船往来；交出四分之三，允许开舱贸易；全部交出则一切恢复正常。林则徐还拟定了详细的《收获趸船烟土章程》，缴烟地点、时间、怎么编号、怎么开箱、怎么查验、怎么储存、怎么防盗、各个环节由谁负责、刮风下雨怎么办等都有细致的规定。缴烟工作开始有条不紊地进行，从每天缴几十箱到上千箱，狂风暴雨也妨碍不了中国人禁烟的决心和热情。

参逊和义律不甘心这样把全部鸦片交给中国政府，在他们的默许或暗示下，鸦片贩子在缴烟之前先减价出卖，很多中国不法之徒贪图暴利，去远洋上的趸船旁和英国烟贩子交易，回来被中国水师截获露了馅。有些趸船本能载一千多箱鸦片，收缴人员去验收的时候只剩下几十箱，船边的海浪还留着新翻过的痕迹，明显是刚刚偷卸过。林则徐心里对有多少鸦片待交一清二楚，继续软硬兼施的策略，粉碎了他们的鬼蜮伎俩，缴烟又恢复了正常。

5月3日，已经有一万四千多箱鸦片验收没官，林则徐下令解除商馆之围，允许小船通行，恢复了贸易，但是还扣留着颠地等一批最大的鸦片贩子。18日，历经波折的鸦片收缴工作终于结束，共缴获鸦片一万九千一百八十七箱，又两千一百一十九袋，趸船上的鸦片基本上都被林钦差收缴完毕，禁烟取得了重大的喜人成果。23日，林则徐把签了保证书的颠地等人赶出境，第二天，义律带着商馆里所有的英国人狼狈退出广州。

虎门扬威

林则徐除了成功地让外国鸦片贩子交出了他们的鸦片，还在广东采取严厉有效的措施禁烟。禁烟是利国利民的大好事，他的措施又宽严适度，奖惩公平，获得了广东人民的大力支持，禁烟成效明显。3月开始，到5月12日，已经捕获吸食、贩卖鸦片的罪犯一千六百多名，收缴烟土、烟膏四十六万多两，烟枪四万多杆，烟锅两百多口。凡是悔过自新的罪犯，林则徐尽量宽恕他们的罪过，对于怙恶不悛的惯犯则从重办理。劝导和严戒并用，从前流毒甚重、烟雾弥漫的广东风气为之一新。

在林则徐的带领下，禁烟成了遍及全国的大事业，到处都在查禁鸦片，抓捕贩毒者和吸食者，铲除罂粟地，缴获烟土、烟膏、烟枪、烟锅的捷报雪片似的飞往北京。穆彰阿等妥协派眼看着鸦片走私越来越困难，得到的贿赂也随之大减，自己的财源将断，就使出各种阴险手段在皇帝面前破坏禁烟运动。道光帝为人犹疑多虑，摇摆不定，刚被林则徐的禁烟成果鼓舞起来的信心又被妥协派撼动了。他下令以后不要再上报缴获烟膏、烟具等事了，这无疑是给如火如荼的禁烟运动兜头泼了一盆冷水，让爱国的臣民灰心丧气。

5月底，林则徐奏请把缴获的鸦片解送北京销毁，道光帝采纳大臣的意见，考虑到转运经费和安全的问题，让他就地销毁。林则徐在湖广总督任上禁烟的时候用焚烧的办法销毁鸦片，但是烧化的残膏会渗入地下，待官府人员撤离之后，奸民仍能从泥土中提炼出一些烟膏，除恶未尽。林则徐通过广泛地咨询，集中人民的智慧，发现了新的销烟方法。

虎门销烟纪念馆复原虎门销烟场景

还有一个问题是要处理的鸦片太多，用锅销毁太慢。林则徐又从有出洋经历的人那里得知孟加拉大规模制鸦片是在地上挖池子进行的，他就决定用这种制鸦片的方法销毁鸦片，让鸦片怎么来的再怎么回去，"善始善终"。他早早就派人在虎门海滩上开凿了两个十五丈见方的大池子，池底铺上石板，周围砌上木板，池子靠山的一面有水沟，便于往里注水，面海的一侧有涵洞和闸门，周围竖起栅栏，不许随便靠近。

6月1日，虎门海岸上筑好了一座高台，兵丁在四周戒严，广东的部分文武官员陆续到场。台上旌旗猎猎，中间设一大香案，上边摆放着牲礼、鲜果等许多贡品，香炉内香烟袅袅，随风飘散。林则徐拾级而上，看了看军容整齐的队伍，准备就绪的销烟场地和殷切地注视着他的亲密战友们，缓缓打开一个装裱华美的纸卷，镇定而清晰地朗读早就拟好了的祭文。他庄严地敬告海神，钦差大臣林则徐要在这里销毁腐蚀了中国几十年的鸦片。鸦片流毒恐怕会殃及大海，请海神率领众水族暂时躲避，则徐为国尽忠，为民除害，还望海神谅解庇佑。

一千年前，在尚属荒蛮的广东潮州，也有这样一篇华丽恳切的祭文，敬告鳄鱼不要伤害百姓。那篇《祭鳄鱼文》的作者是唐朝的一代文宗——韩文公韩愈，被贬千里之外，爱民之心不改。一千年后，南海之滨传来了林则徐铿锵的回响。他和韩愈一样胸怀天下，心系民生，他们的祭文与其说是读给遥不可及的怪物神灵，还不如说是读给人听的。读给善良的中国人民，告诉大家正义终将战胜邪祟；读给狡诈的外国烟贩，警告他们中华民族不可欺凌，我们的禁烟之志天日昭昭，人神共鉴！

祭海神之后，风云突变，雨疾风骤。遥望着虎门外汹涌的波涛，思量着波谲云诡的时局，林则徐久久地沉默。

他深知禁烟大业前途未卜，有人从中作梗，但是他护国的决心就像那前仆后继地冲上岸来的浪涛一样矢志不渝。不管前面是充满艰险的惊涛骇浪，还是祛尽毒烟的湛蓝天空，作为大清国皇帝派来禁烟的钦差大臣，林则徐都不会再退后一步。那铮铮的誓言尚在耳畔——"若鸦片一日未绝，本大臣一日不回，誓与此事相始终，断无中止之理！"只要他尚未卸任，尚有大权，他就要和鸦片、和鸦片贩子、和一切危害国家人民的人和"鬼"，斗争到底！

林则徐淡泊名利，本不想升官发财，他只想看着国泰民安，然后做一个普普通通的隐者，在家乡福州的小西湖畔徜徉，聆听欸乃的桨声，欣赏碧青的山水。但是，面对风雨飘摇的国运，受苦受难的黎民，经世济民的理想把他推到了这危机四伏的时代的风口浪尖。有容乃大，无欲则刚，以他的才能和决心，这禁烟的大业或许早已注定要由他来完成。阴云蔽空，光景惨淡，他初心未改，仍然向往着那一片明净如洗的天空，那一种河清海晏的太平。

虎门外的涛声依旧……

6月3日，雨过天晴，天空碧蓝澄澈，白云舒卷自如。雨后的青山焕发了光彩，葱茏的绿树荡漾着新意。虎门海滩上的两个大池子里都放满了水，映着太阳显得波光粼粼。一群群赤膊光脚的民夫把一个个大木箱子扛到池旁，堆积如山。人们奔走相告，今天林大人要在虎门销毁鸦片了！鸦片误国害民，作祟多少年了，中国人民终于等到这一天了！海滩上热闹非凡，人声鼎沸。虽有很多兵丁站岗，气氛却一点儿也不紧张。百姓们自发地汇集到这里，敲锣打鼓，放鞭炮，舞狮子，欢声笑语充溢耳畔。

山脚下，搭着一座雄伟的礼台，台后扎着大帐，上边彩绣的麒麟在祥云中飞走。台上铺着大红地毯，洋溢着喜庆的气息。台前有一根高耸入云的旗杆，一条黄色大旗从上垂下，上书"钦差大臣奉旨查办广东海口事务大臣节制水陆各营总督部堂林"一行遒劲的大字，凤舞龙飞，迎风招展，威震八方！

午后，清脆的开道锣声从远处传来，越来越近，翘首以盼的人们看到差役扛着一杆杆红旗，举着一面面写着"钦差大臣"、"回避"、"肃静"的木牌列队走来，骑马挎刀的扈从官兵前后拥护着一顶接一顶的绿呢、蓝呢大轿陆续进场。仪仗队两厢列开，落轿，一位位身着翎顶补服的官员走到礼台前。全场渐渐安静下来，有些围观的百姓在窃窃私语："那是林大人，林大人来啦……""怡抚台、豫监督也来了……"

两点左右，庄严隆重的鼓乐声起，林则徐在巡抚怡良、粤海关监督豫堃、广东布政使熊常錞等人的陪同下从容不迫地登上礼台。人们遥望着这位名扬中外的钦差大臣：他头戴红珊瑚顶官帽，后曳羽翎，红缨飘舞，宝顶光辉；身穿石青色仙鹤补服，下衬江牙海水蟒袍，深沉大气；面容庄重，身材伟岸，器宇轩昂。他就是带领人民禁烟缴烟的英雄。乐声渐息，林则徐站在大旗下环顾四周，然后郑重地说："本大臣奉旨来粤筹办夷务，督缴鸦片。保江山，卫社稷，除烟弊，护兆民，此皆本大臣之责任与所望于诸公也。幸赖圣主洪福，祖宗大德；文武同僚，勠力同心；士民兵丁，同仇敌忾，得以一扫烟逗，威震华夷。今日本大臣特奉旨销烟，为国家黎民断绝流毒，永除此患！"他洪亮的声音在山海之间回响，让每一个在场的中国人和外国人都能听到中华民族大义凛然、英勇不屈的宣告。随后，在他的指示下，巡抚怡良宣布开始销烟。

一声令下，炮台上的大炮齐声开火，礼炮隆隆，震天动地。一群群民夫穿行于池边和横搭池上的木板上，有的往池子里撒盐，有的用大斧劈开木箱，倒出里边的鸦片球，有的用刀把一个鸦片球切成四小瓣扔进池中。盐水浸泡一段时间之后，鸦片松散开来，没有那么紧密结实了，这时候民夫挑来一筐筐的石灰倒进池子里，站在一边的人用竹竿、木叉、铁锄来回翻戳搅拌，顿时池水沸腾，升起一阵阵浓烈的白烟，滚滚升腾，直冲霄汉。四周围观的百姓都欢腾起来，发出山呼海啸一般的欢呼声。

海水一涨一落，雄浑的涛声似乎都在为销烟助威。池中的鸦片被盐水泡化，又被石灰烧毁，已经成了灰黑色的渣沫。只待潮头一落，红旗一举，通向大海的闸门提起，一池肮脏的鸦片渣沫就顺势冲进了大海，万劫不复，再也不能发出诱人上瘾的烟雾，让人为之倾家荡产、横尸街头了。围观百姓的欢呼声又起，林则徐和一同查看销烟的大臣们也在兴奋地交谈，爽朗地大笑。一池销毁完毕，另一池早已准备就绪，又一池销烟开始了。许多外国人也被允许来参观这一壮观的景象，他们有的交头接耳，有的惊讶地瞪大了眼睛，张大了嘴巴——从这天起，中国人给他们留下了全新的印象。

辉煌的夕阳在海面上渐渐落下，留下了一片灿烂的晚霞。这一天销毁了一百七十箱鸦片，只是一个小小的开头而已。以后每天销烟的数量都在增加，到端午节前后，每天销烟达一千六百箱，几乎是第一天的十倍。围观的群众也越来越多，大家都来欣赏这扬眉吐气、振奋人心的盛况。

销烟池遗址销烟池遗址

虎门销烟，是人类历史上旷古未有的壮举，是震惊中外的大事件，中国人禁毒的决心和力量充分彰显，中华民族的尊严无以复加地展现在世界面前。这一伟大功绩是林则徐领导中国人民完成的，中国人民永远不会忘记这个骄傲自豪的时刻，林则徐也作为伟大的民族英雄永远地载入了史册！

广东的文武官员按照事先排好的次序，一个个来现场查看，怡良回广州之后，邓廷桢来虎门陪林则徐监督禁烟直至结束。销烟一直持续到 6 月 23 日，其中端午节暂停一天，整整 20 天才把这一大批鸦片销毁。一共有一万九千一百七十九箱又两千一百一十九袋鸦片被投入大池销化、溶解、冲入大海，总重二百三十七万六千二百五十四斤。连林则徐本想解送北京作为样品的八箱烟土也在皇帝旨意下就地销毁。广东其他地方缴获的烟土、烟膏也用大锅逐步销毁。

1839 年 6 月，中国的南海边弥漫着冲天的烟雾，连绵将近一个月不散。虎门销烟，把中国人对鸦片、对鸦片贩子、对一切毒害人民、危害国家的恶势力的仇恨尽情宣泄，把贪官污吏、汉奸烟鬼带给中国人的耻辱一洗净尽，把中国人的民族自尊心、自豪感和爱国主义精神远扬世界。这是向全世界庄严宣告，中华民族不可侵凌，中国人民不可欺侮，任何胆敢进犯中国的外国势力都必将遭到最顽强不屈的抵抗，直至中国人民胜利为止！林则徐领导广东人民进行的虎门销烟，不仅是清除毒患的一时壮举，而且是近代史上中国人民英勇反抗外国侵略的开始。林则徐代表了当时清朝统治阶层中最开明、最进步的一派势力，秉承着古圣先贤的良训，面对着风云激荡的世界，积极地做出应有的自卫与抵抗，他的精神就不止于为封建王朝保卫社稷的意义，而且升华为伟大的爱国主义精神，与日月争光，永垂不朽！

林则徐在虎门主持销毁鸦片的时候，不但中国人天天围观，美国、法国等国的商民也来参观，独独不见英国人来现场观看。他们正在远处眺望着欢欣鼓舞的人山人海，仰望着那冲天的烟柱，在心里牢牢地记下这笔账。鸦片是英国人对华贸易的重中之重，遭遇如此重创他们怎么会善罢甘休？缴烟成功了，销烟也成功了，中英之间的关系越来越紧张也是意料之内，奸诈的英国人免不掉要找麻烦，只要有皇帝的支持，林则徐都不怕；真正让他有些担忧的是身后，是北京，是帝国的中枢，是皇帝的态度。

第四章　守土抗英

斗智斗勇

林则徐虎门销烟，震惊中外，威服华夷。收缴并销毁一些鸦片，只是禁烟运动取得的初步胜利，更重要的怎样发展健康的合法的贸易，保证以后鸦片不进口。

林则徐在禁烟的同时大力推行"具结"制度，"具结"即出具甘结，就是让商人签署保证不携带鸦片的保证书，然后再放商船进口贸易。1839 年 6 月中下旬，很多美国商人按规定签署了保证书，运来了米、棉花等物和中国人交易，广州通商口岸又繁荣起来。更可喜的是，美国人还带来了银元购买中国的货物，这对白银外流严重的清政府来说是一大好事。

但是，和中国贸易额最多的英国人是绝不肯签这样的保证书的，他们知道保证书上写着如果以后再携带鸦片进口，就要没收全部货物，还要把商人就地正法。对于主要靠鸦片贸易为生的英国人来说，这等于让豺狼保证不吃肉，再沾一点儿荤腥就自愿被杀，他们当然不会做这样的保证！他们不但不肯签署保证书，而且还要继续走私鸦片。

早在 4 月初，义律就以不符合英国法律为由，拒绝了林则徐具结进港的要求。林则徐义正词严地批驳义律说："到他国贸易，就要遵守当地的法律，这是中外公认的道理。既然你们要来广州贸易，你们的国王也一定让你们遵守我们大清国的法度，怎么能把你们的法律带到中国来呢？假如有别国的商人到你们英国贸易，却不遵守英国的法令，你们的国王能纵容他吗？我们说贩卖鸦片的要论死罪，只要你们不卖鸦片不就没事了吗？我们查禁鸦片，一定会量罪判刑，不会连累他人。我们要求你们出具甘结，就是为了保证贸易中的诚信啊。"

这一席话说得义律理屈辞穷，不得不承认林则徐所言在理。4 月 11 日，他又开始用路途远来作借口，要求林则徐宽限港脚商人 5 个月、英国商人 10 个月再出具甘结，还说林则徐拟定的甘结中有些不符合英国的惯例，如果非要照那样的话，英国人只能回国了……总之是反复抵赖，就是不肯具结。

19 日，林则徐仁至义尽地缓行具结的规定，宽限港脚商人 4 个月、英国商人 8 个月，但是甘结的内容不能再改变。第二天，林则徐让洋商把这个决定传达给义律，并且交给他一份甘结的式样。义律面对林则徐有理有情、宽严合度的新规定再也没法抵赖，恼羞成怒，当场撕碎林则徐给的甘结式样，口出狂言：

"告诉你们长官，要命现成，要再拿具结这事来麻烦我们大家，那是白搭！那些手里拿着大刀的兵丁在我们门口转悠了一个多月，肯定是奉命监视我们的，只要我们一出门就会杀了我们！那还何必让我们签约再以别的理由杀我们呢？"在外边站岗的中国士兵是为了敦促英国人交出鸦片，拿这个理由来拒绝具结，实属荒唐无理！

义律这次撕破脸之后益发猖狂，当时林则徐正在督缴鸦片，驱逐了十几个英国毒枭出境，义律立刻要挟要撤走全部英商；林则徐规定必须具结才能进港贸易，义律就把所有的英国商船都赶出虎门，中断了中英贸易，企图激化矛盾。他假惺惺地主张到澳门谈判，共同断绝那"不当"的贸易，可是一到澳门就翻脸不认账，强求在澳门装卸货物，拒绝与中国官员谈判。

义律之所以无理气也壮，是因为英国为了扩大海外市场，对中国觊觎已久，早就蓄谋侵略中国、用武力打开中国的大门。鸦片贸易是腐蚀中国、偷漏白银的一条毒计，禁令不严时就慢慢地侵害中国人的健康，盗取中国的白银，削弱中国的国力；现在既已被林则徐等抵抗派识破并严厉打击，那么正好以此为借口发动战争。

5 月 29 日，义律就把他们是如何被"野蛮人"包围、受到了何等的"侮辱和囚禁"、中国人是怎样"抢走了"他们的鸦片、英商是多么无奈"不得不"退出广州、林则徐是如何"禁止"英商与中国贸易等事，像个受了委屈的小姑娘一样抽抽搭搭地告到了他的"家长"——外交大臣帕麦斯顿那里。他还请求印度总督奥克兰派军舰来"保护"他们。既然有人撑腰，他就放心大胆地撒泼抵赖，阻碍中英贸易，激化矛盾，刁难林则徐，拖延时间，"安静又焦急"地等待着英国派兵前来给他主持"公道"。

在义律的叫嚣之下，英国鸦片贩子也壮起胆色，看到广东禁烟风头正紧，便偷偷地跑到福建沿海地区卖起鸦片来了。一箱鸦片进货的成本是二百元，卖到中国就是八百至一千元，利润是成本的三四倍，这样暴利的买卖他们怎么舍得放弃？

应该说这时候林则徐还没有认识到英国人的"长远计划"，还在把具结之争当作贸易纠纷认真地处理，耐心地给义律讲道理。他能感觉到英国人不友善的气息，也许能嗅到战争的腥气，但是更明显的是来自背后的压力。广东有林则徐，得以实现大力禁烟，可是在妥协派的破坏和道光帝的动摇下，其他省份的禁烟运动都濒临停止。更有奸人在道光帝面前挑唆，污蔑林则徐、邓廷桢的禁烟事业。6月，穆彰阿领衔编纂了一部《严禁鸦片烟章程》呈上，这个妥协派头子怎么带头禁起烟来了？仔细分析才知道，他在里边玩弄文字，致使律条自相矛盾，不但没有严禁，反而把许多现有的禁烟法令弄得模糊、宽松了不少，给了吸烟、贩烟的人以可乘之机。鸦片贩子和烟鬼们来了精神，谣言四起，逆风暗流不断，林则徐如中流砥柱，岿然不动。7月9日，林则徐张榜安民，他严厉驳斥了各种谣言，还赋诗警告那些小人：

"谁识然犀经慧照，那容李树代桃僵？"——本大臣什么都清楚，休想蒙混过关！

6月23日，林则徐、邓廷桢再次发出甘结式样，还警告外商澳门也是中国领土，不要以之为避风港，要么具结进港，要么返棹归国，既不进港又不回国的一定是有鬼，要马上驱逐。他们还用中式英文写了一份布告，重申具结贸易的政策。在林则徐的三令五申之下，美国人具结进港贸易，获得了巨大的利益；英国人不愿具结，坐视大把银钱被美国人赚去，怨恨四起。林则徐正是利用英美之间的竞争与矛盾孤立义律及英国鸦片贩子，使他们的形势越来越不利。就在林则徐和义律等人僵持较量的时候，一波又起。

7月7日，一群英国水手到尖沙咀村喝酒，大醉后闯进了当地的庙宇，对庙中的神灵指指点点，十分不恭。中国村民上前制止，这些醉鬼暴徒立即大打出手，不仅损坏了庙宇，打伤了许多妇女儿童，还用木棍猛击村民林维禧的头部和前胸，致使他受重伤，抬回家去第二天不治身亡。英国人酗酒滋事，殴伤人命，这样一起严重恶性事件摆在了关系本来就很紧张的林则徐和义律面前。

义律自知是英国人闹事造成的命案，赶紧跑到尖沙咀打圆场，和稀泥。在他的威逼利诱下，林维禧的亲属同意私了，并且签署了一份证明，说林维禧是在混乱中"撞石毙命"，"不关夷人之事"，还说他们孤儿寡母"向夷人哀求，幸夷人心行恻隐，帮回丧费银些少"。分明是穷凶极恶的杀人凶手，一转眼就变成了扶贫济弱的慈善家了！义律真的很会颠倒黑白。

12日，林则徐获悉尖沙咀发生了中英冲突，还有一名中国村民死于暴乱之中，赶紧派管辖尖沙咀的新安知县梁星源去调查。梁知县验尸证明林维禧系身受多处棍伤而亡，在村民的帮助下，抓获了收买林维禧家属的狗腿子，林家也交出了义律答应赔钱的字据。杀人偿命，这是天经地义的公理，怎么能任由英国暴徒平白打死中国人然后花几个钱了事？林则徐立即知会义律，让他尽快查拿凶手，交中国政府惩办。

一国人在他国犯罪，由该国领事按照本国的法律处置，而不受所在国的法律限制，这就是领事裁判权。这是对所在国司法主权的严重侵犯，是无视其政府的行为。义律早就有心攫取在华的领事裁判权，他也知道英国政府内部的主战派正在紧锣密鼓地筹备侵华战争，所以有恃无恐地拒绝交凶，还说当时美国人、法国人等许多外国人都在场，实在是查不出到底何人行凶；英国也从没有把自己人交给他国处理的法律，请中国政府不要再发这种"煽动性"的文件。

林则徐对义律的狂悖妄为极为愤慨，但是中国人是讲道理的。他先谕令美国领事调查当时美国人是否在场，有无责任，结果和中方的调查结果一致，毫无疑问是英国人行凶。之后他找来了瑞士人滑达尔的《各国律例》，叫助手小德和一个美国眼科大夫伯驾翻译了里边的相关章节，确认"杀人偿命"在中外都是一致的，义律所说的理由纯属无理取闹。

8月2日，林则徐、邓廷桢、怡良三大臣联名发布告示，敦促义律交凶，并且规定禁止尖沙咀一带的英船私自买卖，以防贩毒，食物则由专门的买办代为采购。义律对林则徐一再的谕令置若罔闻，竟然于8月3日自行在中国领海上成立了一个所谓的"法庭"，要自己审判凶手。12日，义律粉墨登场，开始了他的"审判"闹剧，他还邀请中国官员去旁听，林则徐根本不承认他这个"法庭"合法，拒绝出席。义律假模假式地判决了五个暴徒罚款和监禁，其中最多罚款二十英镑，恐怕连伦敦西餐厅里一块上好的牛排都买不了，就"买"了中国人的一条命；最长监禁六个月，还要送回本国，等押送凶手的船慢悠悠地开到英国，也就刑满释放了。拒不交凶，私自审判，这是对中国人生命的极大亵渎，是对中国主权的肆意践踏。义律就是要看看林则徐能把他怎么样。

林则徐得知义律自己"审判"了凶手，马上宣布他的审判无效，严正地质问他："我查阅了你们国家的定例，如果去别国贸易，就要遵守当地法律，说得明明白白。在别的地方尚且遵从当地法律，何况我们天朝上国？假如以后英夷打死英夷，或者别国人打死英夷，或者中国人打死英夷，请问你也不要交出凶手吗？你既然都审判了罪犯，那还说什么查不出凶手？肯定是你私押在船了，庇匿罪人者，与之同罪。还是赶快改悔，交出凶手吧。"义律无视林则徐的劝谕，派去送信的人不是被拒之门外就是被他痛骂回来。

　　林则徐不得不采取强制措施，于 8 月 15 日断绝了在澳英商的供给，撤走了为他们服务的买办和工役。英商不具结进口贸易，也不回国，而是在澳门逡巡逗留，这是违背中国法律的。24 日，澳门葡萄牙当局在中国政府的要求下驱逐英商出境。二十六日，所有的英商全部搬迁到了海上的货船或趸船上，义律静候着英国发兵来援。

　　英国人不具结，不交凶，林则徐决不能让步，一再下发谕令，敦促警告从未消歇。另一方面，林则徐还要防备义律狗急跳墙，武装来犯，他加紧编练水师，加固炮台等防御工事，购进和铸造新式大炮，在江中设置铁链木排，防止英国军舰入侵内河。在禁烟的过程中，林则徐更加认识到民心可用，他相信人民，依靠人民，充分肯定人民的智慧和力量，取得了比其他地区强得多的禁烟成果。现在，中国有面临侵略战争的危险，林则徐、邓廷桢决定再次充分发挥人民的力量。31 日，他们贴出告示，号召沿海人民聚群商议，购买武器，选择丁壮进行操练，以便自卫。如果英国人上岸滋事，就开枪把他们打回去；在井旁贴上"井内有毒"的提示，不许他们来找井取水。广东本来就有一些叫作社学的民间组织，在林则徐的鼓舞下办起了乡兵团练，士气高昂。沿海地区巡防周密，戒备森严，完全有能力应对外来之敌，林则徐深感欣慰。

　　29 日，印度总督奥克兰应义律的要求派来了一艘军舰——

"窝拉疑"号。舰长是新任英国海军驻华司令官士密。中国水师发现英国军舰开进中国领海，便上前质询，英国人悍然开枪射击，中方比较克制，这才避免了交火。义律有了靠山，开始给澳门葡萄牙当局施压，要求葡萄牙澳门总督委黎多允许被驱逐的英商返回澳门居住，他愿意让"窝拉疑"号"保护"澳门，希望能与总督好好"合作"。其实林则徐和邓廷桢早就与委黎多总督约好，要到澳门巡行。由于各种原因耽搁，直到 9 月 3 日才真正开始澳门之行。委黎多总督准备充分，招待周到，使这次巡行进行得有条不紊，十分顺利。

明朝末年，葡萄牙人是当时开拓世界市场的先行者，他们来到中国澳门，乞求划一块地让他们歇脚、贸易。他们的态度还算恭敬，而且每年愿意缴纳几百两银子的租金，于是得到了中国政府的允许。虽然由葡萄牙人租住了三百来年，但毫无疑问澳门一直是中国的领土。中国钦差大臣、两广总督来澳门巡阅，受到了澳门人民的夹道欢迎，许多居民焚香道旁，向林则徐、邓廷桢致敬。此行宣示了中国的主权与尊严，林则徐也借机开阔了眼界，仔细观察了夷人的衣食住行等方面，而且明确得到了到了委黎多总督在中英矛盾冲突问题上的中立立场。任何一个聪明的佃户都会在地主与邻居的争端中保持中立，委黎多不想得罪英国人，但更不敢惹恼中国政府，所以他保持中立的态度不变，遵从中国政府的指示，履行好一个"佃户"的义务。

林则徐在具结与惩凶的斗争中坚持原则，恩威并施，与义律斗智斗勇，尽力维护了中国的主权与尊严。他巡行澳门，获得了葡萄牙当局的支持；严厉打击不法商贩，鼓励具结贸易，笼络他国商人和愿意进行合法贸易的英商，确实起到了孤立义律和鸦片贩子的作用。义律等人被困在海上，保障日常生活所需都越来越困难，现在有"窝拉疑"号为他们撑腰，他们在咬牙切齿地打算给中国一点儿颜色看看。

力挫敌锋

义律等人企图回澳门居住不成，中国水师又在海上往来巡视，还被严禁供给食物淡水等生活必需品，他们在尖沙咀海面上的处境越来越困窘，所以蓄谋以战争来摆脱困境。

9月4日上午，义律乘坐"路易莎"号，带着一些军舰、快艇来到九龙山炮台前的海面上，要求巡行的中国师船提供食物。驻守的大鹏营参将赖恩爵重申林则徐的训令，英商不具结，义律不交凶，就不提供食物。义律反复强调中国水师没收的食物英国人已经付了款，却只字不提他自己屡次无视林则徐谕令的事，赖恩爵理所当然地拒绝了他的要求。

义律挑衅成功，下午二时派人给赖恩爵送来"最后通牒"——半个小时之内不提供食物就开战。半小时后，赖恩爵正打算派人回复义律，却看到英国人已经开炮，一炮就打死了一个中国官兵。中国水师将士见状极为愤慨，赖恩爵指挥战船和炮台立即反击。各炮对准义律乘坐的"路易莎"号猛烈轰击，击中了它的主帆，打得它在水里团团转，英国士兵纷纷被甩下水。这样激烈的炮轰持续了两个半小时，英国人难以支持，转舵逃跑，中国水师奋勇追击。

这时候，英国的"窝拉疑"号率领援军前来助战，中国水师官兵一边躲避它猛烈的火力，一边抓住时机迅速还击，一炮打中了"路易莎"号的防雨布，英军惊骇万分。英国军官得忌喇士带人绕到中国师船后边偷袭，水师将士用火绳枪英勇射击，击毙了很多英国士兵，军官得忌喇士也被打穿了手腕。六点半，英军仓皇逃窜，海战结束，中方大获全胜，打坏英国战舰、毙伤英军士兵多名，自己的损失仅仅是阵亡两人、重伤两人、轻伤四人。

九龙海战大胜，中国水师官兵士气高涨，斗志昂扬。13日，林则徐在虎门检阅水师操练，战船列队进退法度森严，官兵演习拼杀英勇强悍，场面气势恢宏，威武雄壮。为了更好地处理中英关系，林则徐把眷属和办事人员都迁到了虎门，亲临前线办公。他一方面为海战胜利感到喜悦，一方面又为义律时而跋扈时而"恭顺"的态度感到疑惑。义律的态度之所以发生转变，是因为英商内部的矛盾越来越激烈，火已经压不住了。

很多英商是四月份来到中国的，到现在已经五个多月了，因为具结的问题迟迟得不到解决，货物一直没能卖出去。广东的夏季炎热多雨，船上的棉花、布匹、大米等物外边又罩着厚厚的帆布，受着酷暑的汗蒸，已经开始发霉变质。如果再不进口贸易，他们真是要"连本烂"了。美国人趁机几乎独占了对华贸易，财源广进，让英国人十分眼红。有的英商等不及了，就请美国商船帮忙运货进港，美国人精明得很，漫天要价，从澳门到广州这短短的距离却要了英国人从伦敦到广州那么多的运费，不运就让货物霉烂在船上吧，谁让你自己不能进港呢？来华进行正当贸易的英商受到了这样的"勒索"，更加埋怨义律只顾维护鸦片贩子的利益，断绝了中英贸易，阻了他们的财路。义律困于海上，本来就极为困窘，内部的矛盾逼着他得赶快解决问题。他想武力要挟，结果在九龙海被打得抱头鼠窜。要想获得食物，尽快卖出货物，只能向林则徐"乞降"了。

林则徐还是要求义律具结、交凶、驱逐鸦片趸船，双方在澳门进行了许多次拉锯式的谈判，义律根本没有诚意，不可能真正答应林则徐的条件，只是虚与委蛇地应付。虽然中间出现了林则徐允许合法贸易的英商船只"担麻士葛"号具结进港的"和谐"场面，但总体上中英之间的谈判是破裂了。义律不但没有具结、交凶，反而以退为进，以林则徐的一再让步为胜利，利用中方代表余保纯糊涂软弱的缺点妄图获得领事裁判权。10月底，义律依然拒绝具结，鸦片贸易还在进行，并且说杀人凶手无法查明，相关的五人已遣送回国。这就意味着林则徐一个多月以来的包容与退让全部付之东流，一切苦口婆心的劝谕都是对牛弹琴，中英谈判没有取得任何实质性的进展。林则徐怒火中烧，再也不想和这样的无赖纠缠，于10月28日宣布驱逐英商回国。具结与交凶之争告一段落，中英之间的较量从谈判桌又回到了海面上。

11月2日，士密率领军舰"窝拉疑"号和"海阿新"号开到穿鼻洋，让水师提督关天培递交林则徐一信，要求林则徐收回成命，允许英商回澳门并且恢复一切供应，被林则徐严正拒绝。第二天，关天培派人把士密的信退回去，然后按常规在穿鼻洋上巡航。士密不但又把原信交回来，还让关天培退回沙角炮台。中国水师在自己的领海上巡航是理所应当的，关天培当即拒绝。关天培要求义律交出凶手，则水师可以考虑撤回，英国人也拒绝了。中国水师继续坚守在自己的岗位上，监视着英国人的一举一动。

中午，已经遵照林则徐给出的规定具结的英船"皇家萨克逊"号想进港贸易，士密蛮横地加以拦阻。关天培正想派人查问一下，士密突然让"窝拉疑"号开炮轰击师船，炸毁了一只火船，还引爆了提标左营二号米艇的火药库，造成六人烧死。关天培挺立在桅杆前，挥舞着腰刀指挥各船开炮还击。"海阿新"号看到中国的统帅暴露出来，开始集中轰击关天培所在师船，打落了一片桅木，擦伤了关天培的手。关天培临危不惧，镇定地指挥炮手打击主舰"窝拉疑"号，一炮正中它的头鼻，许多英兵随着断落的头鼻滚跌落海。提标左营游击麦廷章也加大火力，两炮重创"窝拉疑"号后楼，英军大乱。中国的炮不能上下自由升降，一般角度比较高，虽然把两艘敌舰的桅杆、船帆、旗帜打得七扭八歪，杀伤却不太多。英军是突然袭击，火炮先进，造成中国官兵多有伤亡，还使三艘船进水。即便是这样，关天培率领的中国水师还是英勇顽强地战斗到底，直到把英军赶出穿鼻洋为止，获得了最终的胜利。

关天培把战况汇报给林则徐，二人交流了对英国人的看法，认清了他们假和平、真战争的本来面目，也充分见识了他们的反复无常、阴险狡诈。林则徐说："这些夷人对什么事都是你紧一分他就老实一点儿，你松一分他就出格一点儿。"道光帝在林则徐早先上报九龙海战战况的奏章上批复道："既然已经打胜了他们，就绝不能再示弱。朕不怕你们孟浪行事，就是要告诫爱卿不要畏缩。"林则徐在官场历练了二十多年，经历了多少大风大浪，处理过多少是非纷争，他从年轻的时候就以沉稳可靠著称，如今身担大任，屏障岭南，怎么可能鲁莽孟浪呢？他没有因为小胜而掉以轻心，而是冷静地分析敌我实力对比，

穿鼻海战

深刻地认识到英国人船坚炮利，装备远胜中国水师，是个不好对付的角色。所以他确立了"以守为战，积极防御"的抗英方针。他依托地形，依靠人民群众，严密监视英军行动，准备相机出师。4 日，林则徐来到沙角，检查被炮击的师船，看望受伤的官兵，对爱国将士大加鼓励和奖赏。

"窝拉疑"号和"海阿新"号逃回尖沙咀，正打算修理破漏之处，扭头却看见背后的官涌山上很多中国兵将正在修筑防御工事。英军害怕遭到攻击，屡次偷偷登岸探测虚实。增山营参将陈连升（1775—1841）派人下山截拿，打伤了两人，其余英兵落荒而逃。当天夜里，英舰一字排开，炮轰官涌山驻军营盘，被中国官兵居高临下地打跑。

8 日，英军改变战略，派一只大船在正面炮击，吸引中国守军的注意，另外派英兵乘小船从两边包抄，抢滩登陆。增城营把总刘明辉一看英兵上了岸，带领手下官兵如猛虎下山一般冲下来，挥动大刀长棍奋力砍打，把英国人赶回到海里去。9 日，英舰又在官涌的胡椒角周围转悠，伺机偷袭，陆路提标后营游击德连指挥守军开炮猛击，让英国人知道这里也不可侵犯。

林则徐得知英军进犯官涌，赶紧和邓廷桢商议对策，调兵前去支援；关天培选了六门最好的大炮送到前线供远程射击；余保纯、新安知县梁星源等带领民兵乡勇去策应官兵。11 日，各路人马齐集官涌，兵分五路，分地扼守，严阵以待，新运来的大炮也架在了山头。

英国人发现中国守军又是架炮又是调兵，甚是紧张，半夜里开炮进攻，想先下手为强。没想到山上的五路人马早就准备好了，众炮齐发，震天动地，隆隆的巨响在山间的海面上回荡，更让英军觉得十面埋伏，腹背受敌，风声鹤唳，草木皆兵。一两个小时以后，英军实在撑不下去了，熄灭灯火，逃离战场。

第二天清晨，太阳升起在灰蒙蒙的大海上，霞光万丈，灿烂辉煌。停泊在尖沙咀的英船逃走了一大半，剩下的十几艘也撤退得很远，船上的断桅破帆七零八落，狼狈不堪；近处的海里还有一只帆船半浮半沉，摇摇晃晃，被金色的波浪推来搡去，马上就要沉没了。战斗了一夜却不觉得疲惫的各路将士看到英军这样狼狈的惨状，发出了爽朗的大笑，像夜里杀敌的炮声一样在山海之间久久回响。

13日，"剑桥"号、"多利"号等十余只英国武装商船到官涌山寻衅。中国守军早就瞭望到了他们探头探脑地试探着靠近，故意不声不响。等他们进入了大炮的射程，众山头大炮齐鸣，"多利"连中两炮，旁边一只小船被打得像乌龟一样翻了个儿。其他英船见状赶紧仓皇撤退。至此，英军六次挑战官涌山守军均被挫回，舰船散落到海上，许久不敢滋事。

在林则徐的周密筹备和中国将士的奋勇抗争之下，装备优良、气势汹汹的英军一败于九龙，二败于穿鼻，三败于官涌，节节败退。林则徐领导下的广东军民连连力挫敌锋，显示出高昂的爱国热情和强大的作战本领。义律和士密等侵略者绝不甘心失败，他们和他们的同谋正在加紧运作伦敦的政局，准备发动战争。双方矛盾激化，剑拔弩张，进入了紧张的僵持阶段。

势成骑虎

中国水师在林则徐、邓廷桢、关天培等人的领导下，与人民紧密配合，屡次挫败英军的小规模进犯，取得了振奋人心的战绩。

道光帝本来保守闭塞，对夷人有些恐惧，叮嘱林则徐不要轻启边衅；看了林则徐关于九龙海战的报告之后，得知打了场小胜仗，他的虚荣自大之心顿时膨胀起来，字里行间反而开始责备林则徐反复和义律谈判、一再忍让是畏缩不前了。他高傲地指示林则徐："要是以后夷人再反复无常，就给他们展示一下咱们的军威，断绝了茶叶、大黄的供应，永远不许英夷来华贸易！"他的思想还停留在"天朝上国，统驭万邦"的时代，认为只要大清天兵一降，英夷就会闻风丧胆；只要中国禁止茶叶、大黄出口，英夷就会因为吃肉不消化而死。这样的命令屡屡让林则徐深感为难。

林则徐主张具结贸易，只要外国船只签署保证不携带鸦片的保证书，经检查没有违规现象的就放进港。林则徐摈弃了当时普遍存在的民族偏见，坚持"奉法者来之，抗法者去之"，不但美国、法国等国和中国的贸易恢复正常，就是和中国关系很紧张的英国商人，只要守法具结，如"担麻士葛"号，也开始进港贸易。英船"皇家萨克逊"号具结之后想进港，受到士密的威胁而远避他方，不知下落，林则徐还派人寻找，就是为了保护正当贸易。

自从 1839 年 5 月底义律因为鸦片之争中断了中英贸易，美国人就占据了中外贸易额的大半，广州商贾云集，洋船出入频繁。到年底，中国不但没有受损，反而挽回了白银外流的局面，赚了将近三百万银元，缓和了广东银贵钱贱的恶劣形势。林则徐就是希望这样大力发展合法贸易，达到挽救财政危机、富国裕民的目的。

可是道光帝却无视世界潮流，妄图以闭关锁国一劳永逸地解决中外矛盾，下达了禁止中英贸易的旨意，完全打乱了林则徐的计划。断绝中英贸易，把那些运来棉花、布匹，想从中国购买茶叶、生丝的正当商人也拒之门外，不但不利于中国的海关贸易收入，而且会为渊驱鱼，为丛驱雀，把他们逼到义律那个阵营里去，让他们齐心协力地与中国作对。但是作为封建官僚，皇帝的旨意就是天意，就是不可违抗的命运，林则徐、邓廷桢最终还是无奈地指示粤海关监督豫堃，于 12 月 6 日停止了中英之间的贸易。但是林则徐在上复道光帝的奏折中还是委婉地表达了自己的看法，保留着恢复贸易的一线希望，但愿道光帝能领会他的意思，区别对待外商，鼓励正当贸易，不要简单粗暴地一味封闭。林则徐驻扎虎门就是为了应对英国人，现在也没有必要继续在虎门办公了，就和邓廷桢一起返回了广州。

虽然停止了中英贸易，但林则徐没有一时一刻放松警惕。他一直关心外国的情况，长期订阅《澳门新闻纸》，随时了解周边大事。美国牧师布朗送给林则徐一本慕瑞所著的《世界地理大全》，林则徐让梁进德将其翻译成中文，命名为《四洲志》，这是近代中国第一部系统介绍西方各国地理的著作。此时林则徐幕府的译员们还在翻译德庇时的《中国人》和地尔洼的《在中国做鸦片贸易罪过论》。林则徐还给英国维多利亚女王写了一封照会，强调鸦片贸易的罪恶，请女王干涉，管理好英国商人。他叫小德翻译成英文，经皇帝批准，在1840年1月18日托付给"担麻士葛"号船主转交，但是英国外交部拒收，女王最终也没有见到这封新奇的照会。

　　1840年1月2日，林则徐上报穿鼻、官涌海战的奏折批复下来，他打开一看，更加心灰意冷。道光帝是一叶障目，不见泰山，趾高气扬地指示林则徐："自从禁烟以来，英夷态度反复无常，伪装恭顺，暗图报复。前些天在海上教训了他们，没有断绝他们的贸易，还不足以显示天朝的威严。让他们具结贸易，难保不又生事端。而且夷人屡次抗拒天威，天朝还允许通商，实在不成体统。至于你说的区区税银，大清国不在乎！你马上停止和英国的贸易，把他们所有的船只都驱逐出口，不管什么具结不具结。打死中国人的凶犯，也不值当再跟他们纠缠，不交就不交吧。那个'皇家萨克逊'，你也不必再找了。你给我晓谕各国，宣布英夷的罪状，让各国夷人都知道！"

林则徐要求具结，是为了发展正当贸易；要交凶，是为了维护中国司法主权，这些正确的举措都被目光短浅、主权意识淡薄的道光帝废止了。林则徐关于通商的委婉进言也被强硬地逐一批驳，不予采纳。他非常失望，他自从进入官场以来就勤谨认真，清正廉洁，刚直不阿，开明仁爱，公忠体国，皇帝基本上一直是支持和嘉奖他的，还从未受到过如此蛮横不讲理的驳斥。他深知道光帝的性格弱点，也知道难免有小人污蔑诽谤，但是他不愿意放弃，还是坚守在祖国的南海之滨，尽量使大局朝着安定和繁荣发展。

林则徐和老搭档邓廷桢一起主持广东军政大局，公务上配合默契，私下里友谊深厚。他们共同力主禁烟，虎门销烟的时候曾并肩站在礼台上监督；他们一起抗击英军入侵，经常为排兵布阵、加强防备等事讨论到深夜。精诚合作的林则徐、邓廷桢是南国的藩篱和长城，坚强地抵御着英国人的毒流与炮火，保卫着人民的健康与祖国的安全，可谓南天二柱，大清栋梁。

作为抵抗派的代表，林则徐、邓廷桢可是没少得罪穆彰阿等妥协派。穆彰阿等人在禁烟运动中保持"中立"，明禁暗弛；在后来的中英争端中，他们又主张息事宁人，妥协退让。林、邓禁烟成功，使得妥协派从鸦片走私中获得的贿赂几乎断流；他们抗英胜利，"煽动"得皇帝亲信抵抗派的官员，把这些妥协派冷落在了一边。他们嫉妒、怨恨，阴谋破坏林则徐、邓廷桢的事业。穆彰阿等人在道光帝身边煽风点火，不阴不阳地说林则徐、邓廷桢多么"得人心"，编练乡勇成了"蓄养刁民"，据理力争成了"启发边衅"。犹疑彷徨的道光帝渐渐减弱了对他们的信任，决定依穆彰阿所奏，把邓廷桢调走，分散他们的力量，免生事端。

1月26日，林则徐接到将继任两广总督的谕旨；29日，邓廷桢接到吏部的调令，改任闽浙总督。这一重大的人事变动是在他们意料之外，又在情理之中，他们也明白这是朝廷的态度动摇了。一个要走，一个要被撤去钦差大臣的专权，他们没有顾忌个人地位的变迁，而是抓紧时间商讨加强海防、禁绝鸦片的事务，可是谁能像没有调令一样轻松自如呢？对着残灯，一边商谈，一边嗟叹，两个老朋友的话好像永远说不完。

2月3日，旧历庚子年正月初一，邓廷桢把关防、印信送交林则徐，林则徐正式就任两广总督。几天后，邓廷桢在新春佳节、万家团圆的喜庆气氛中落寞地告别战友，林则徐也依依不舍地送了又送。邓廷桢走在路上，为离别感伤，又为时局担忧，感慨万千，挥毫填词《酷相思·寄怀少穆》：

百五佳期过也未。但笳吹，催千骑，看珠海盈盈分两地。君住也，缘何意？侬去也，缘何意？

召缓征和医并至。眼下病，肩头事，怕愁重如春担不起。侬去也，心应碎！君住也，心应碎！

林则徐永远也不会忘记和邓廷桢并肩战斗的日子，他们互相扶持，同心协力顶住来自朝廷和外敌的压力，支撑着南国的危局。他们的深情厚谊也和他们禁烟抗英的英雄事迹一起载入了史册。

1月5日，林则徐按照圣旨不得不下令正式封港，断绝中英贸易，不留任何余地。他知道，无论是英国鸦片贩子还是生产与贩卖布匹的纺织工业家，都极为重视对华贸易。这次封港断了他们的财源，英国人肯定不会放弃谋求巨额利益。林则徐上书道光帝，让沿海各省都加强战备，防止英国人因为贸易断绝而发动战争。邓廷桢走后，林则徐更加势单力薄，他继续与关天培等爱国将领密切合作，时刻防备英国人进犯中华。

林则徐的担忧是完全准确的，英国人正在紧张地筹备着蓄谋已久的侵华战争。中国的禁烟、封港使他们觉得武力打开中国大门的时机渐趋成熟，刀正在缓缓地出鞘。一个更大的阴谋逐渐产生，阴云即将再次笼罩中国。

伦敦阴谋

中国的南海波涛汹涌，风云激荡；英国的伦敦也阴云密布，空气紧张。一个封闭保守的大陆民族，一个野心勃勃的进取岛国，它们的冲突由来已久。

18世纪末，中国还在康乾盛世的光环中，英国也因为开始了第一次工业革命而日益强大，迫切地想要打开中国这个广大的市场。中国当时仅留广州一口和外国通商，而且有许多阻碍自由贸易的政策。1793 年，为了使中国改变相关政策，拓宽中英贸易，乔治·马戛尔尼勋爵以为乾隆皇帝祝贺八十大寿的名义率团访华。

英国使团在进京的过程中受到了清政府的热情招待，猪羊鸡鸭源源不断地送上船。这些动物中有的在运输途中就死去了，英国人把它们扔到了海里，没想到围观的中国百姓立刻下海疯抢，把这些不新鲜的肉拿回去腌制食用。这动摇了他们对想象中这个天堂一般富裕文明的东方古国的印象。沿途他们见到的破败的民居、叫花子一样的军队、捡食英国人弃物的贫苦人们、任意欺压下层人民的豪横官吏、见死不救的冷漠人群等都让他们渐渐窥透中国的实力。

9 月，马戛尔尼等人到承德避暑山庄觐见乾隆皇帝，为清廷要求的"三跪九叩"的礼节大费脑筋，与和珅等官员反复争执之后，双方达成协议，允许英使单腿下跪。倍感屈辱的马戛尔尼跪下来，向乾隆帝提出了增开通商口岸、划给英国一个小岛存货、变更通商政策等七项要求。乾隆帝一一加以拒绝，并且高傲地表示天朝上国本来都不需要与你们这些夷人贸易，只不过是可怜你们没有天朝的货物就活不下去才开恩通商。英国人既为清朝统治者的愚昧闭塞而哭笑不得，又为其傲慢自大而愤懑不已。马戛尔尼访华没有取得任何实质性成果，但是他们看透了这个庞大的专制帝国已经彻底朽烂，这是此行的最大收获。

马戛尔尼失望地回国之后，中英之间的贸易还在继续，两国关系却因为在澳门的争端和英军进犯尼泊尔等事件越来越紧张。英商对中国的公行制度（即外商只允许和广州十三行的洋商交易，不能直接和中国平民交易）十分不满，希望派出使团，缓和两国关系，商议通商制度。在这种情况下，1816 年，阿美士德勋爵受命来到了中国。还是因为"三跪九叩"之礼争执不下，清廷终于让步之后，阿美士德又要休息，不按皇帝指定的时间入见，嘉庆皇帝龙颜大怒，取消了陛见。这位固执多事的使臣还不如马戛尔尼，连中国皇帝的面都没有见到，就灰溜溜地回到了英国。

1832 年，林则徐在江苏巡抚任上发现了幽灵一般的胡夏米出现在中国沿海。如果说以前两次英国使臣访华是以请求谈判通商为主要目的，顺带观察中国虚实的话，那么胡夏米这次诡秘的航行就纯乎是刺探中国国情的特务行为了。1835 年 7 月 24 日，胡夏米把这次侦查的结果整理成文呈交英国外交大臣帕麦斯顿，这份包含中国地理、海防等重要信息的文件成为了后来鸦片战争作战方案的蓝本。

英国输入中国的鸦片箱数逐年增加，给中国带来越来越深重的灾难，阴云在西天凝聚。林则徐主持的禁烟运动像一声响亮的春雷，炸开了零丁洋上的乌云；虎门销烟的冲天烟柱树立起中国人空前伟岸的形象，也使英国人遭受了重大的损失。

1839 年 7 月底，中国缴禁、销毁鸦片的消息传到了雾都伦敦，震惊了朝野。鸦片贩子请求开战的请愿书和义律煽风点火的告状信，一起摆在了外交大臣帕麦斯顿的办公桌上。帕麦斯顿赶紧接见了鸦片贩子等鸦片贸易的获利者，倾听他们的游说，很想维护他们的利益。但是世界的正直舆论都支持中国禁烟，就连英国人自己也有很多认为鸦片贸易不道德，剑桥大学的地尔洼就在《在中国做鸦片贸易罪过论》中指责："鸦片贸易给英国国旗带来了莫大的侮辱！"鸦片贩子在给政府试压，国际国内的正直舆论也是个不小的压力。8月中旬，帕麦斯顿让义律调查一下中国的近况。月底，义律建议发动侵华战争的报告送到，其中列举了战后可以获得的通商等权益，使帕麦斯顿渐渐觉得这是个值得一做的"买卖"。

清政府严禁鸦片，因此断绝了中英贸易，受损的不仅是鸦片贩子，还有纺织工业家。他们从印度买进棉花，在英国的大工厂里加工成各种布匹，然后贩运到中国，换取中国的茶叶，再贩运回国，两边赚钱获利。他们当然不愿意看到中国这个巨大的市场被一群愚昧闭塞的统治者封锁起来，更不愿意看到美国人占去原本属于他们的巨额利润，所以也在积极地向帕麦斯顿建议出兵，推波助澜。利物浦和曼彻斯特的工业资本家们在九月中下旬谒见帕麦斯顿，请求政府对中国的"侵略"行为立即采取强有力的明确对策，使对华贸易从此获得安全、稳固、永久的发展，还警告政府，如果不及时解决现在的僵局，巨大的利益将拱手让人。

9月23日，帕麦斯顿向首相迈尔本正式提出对华作战的请求。十月一日，英国内阁决定"对三分之一的人类的主人作战"，因为内外的压力都很大，所以暂不公开这一决策。16日，帕麦斯顿根据鸦片贩子和纺织工业家提供的情报和作战方案，拟令通知义律英国政府将遣军侵华，逼迫中国答应割地赔款、开埠通商等相关条件，准备明年出兵。以后的一个月内，帕麦斯顿又指示义律广泛搜集情报，必要时候可以先"揍"中国一顿，不必等大军来华。所以义律大胆地挑衅，发动了穿鼻海战和官涌海战，结果均被林则徐、关天培领导下的广东军民挫败。英国政府各部门也逐渐得知将对华作战的消息，尘雾弥漫的伦敦朝堂之上火药的味道越来越浓烈了。

1840年1月16日，年轻的英国女王维多利亚在国会发表演讲，骄矜地宣称："我已经并将继续对此深为影响我国臣民利益和我的荣誉尊严的事件，予以最严重的注意。"瞧瞧，这个有名无权的象征性国家元首也来表示她的气愤和决心了！真正使英王蒙尘的应该是她的臣民在干着谋财害命这样不光彩的无耻勾当，林则徐虎门销烟只不过是打击了一下鸦片贩子的嚣张气焰，她却恼羞成怒，借此发兵，真不知她的尊严和荣誉到底是何等样事。

2月20日，英国政府正式任命海军少将乔治·懿律和驻华商务监督查理·义律为出兵中国的正副全权公使，帕麦斯顿向他们交代侵华的具体策略、步骤，要达成的目标和条约的内容等，并且给了他们一份英国政府致中国宰相的信，让他们进取一步就上交清政府一次，直至清政府屈服为止。英国人以为中国也和他们君主立宪制一样是宰相掌握实权，所以才写了这样的信。看来当时的中英双方对对方都不是很了解，但还是和半个世纪前乾隆帝与马戛尔尼的错层晤谈有区别的，毕竟英国通过侦查测绘，掌握了中国很多军事情报。在信中，英国人指责林则徐的禁烟是"迫害"英国侨民、"亵渎"英王尊严，表示英国政府要用武力"昭雪冤枉"，还提出来赔偿损失、"礼待"英国官员、割让岛屿等无理要求。

这些要求是在鸦片贩子和纺织工业家的要求下逐步拟定的。鸦片贩子关心被林则徐销毁的那两百多万斤鸦片的赔偿问题。英国政府内部本来有很多人认为鸦片贸易是不合法的，以查顿为首的大毒枭们立即在伦敦上蹿下跳，造谣生事，闹得满城风雨，迫使政府同意索赔烟价。纺织工业家们进行的是比较合法的贸易，他们主要是对中国的通商限制十分不满。他们要求增开商埠、协定关税、取消公行制度、偿还商务欠款、善待在华英民、争取据点存货、获得领事裁判权等。帕麦斯顿综合考量多方的要求与提议，形成了一个比较周全的计划，交给了懿律等人。

英国议会下院为此进行了三天激烈的争论，期间议会里的正直人士强调鸦片贸易的不光彩和英王的体面问题，鸦片贩子和纺织工业家则突出英国人在华受到的"凌辱"与战争所能带来的巨大利益。至于战争的结果，他们认为是必胜，因为大英帝国经济实力雄厚，军备领先世界，如同蒸蒸日上的青年；大清国则垂垂老矣，腐朽不堪，所谓"China"（中国），不过是一件外表光彩而不堪一击的"china"（瓷器）罢了。四月七日，开始最后表决，支持出兵的有二百七十一票，反对侵华的有二百六十二票，英国的野心家们以仅仅九票的微弱优势占了上风，通过了对华作战军费提案和索赔英商损失的决议，鸦片贩子和纺织工业家欢呼雀跃，额手称庆。5月10日，一向被讥为"养老院"的议会上院几乎没有讨论就通过了提案——那些贵族老头儿们乐得心静。停泊在非洲好望角、开普敦等地的英国军舰早就准备停当，闻令后组成了侵华远征军，浩浩荡荡地开过烟波浩渺的印度洋，集结到了印度的加尔各答，对不远处的中国虎视眈眈。

乘着西南季风，气势汹汹的英舰陆陆续续地驶抵中国南海，中英之间的气氛越来越紧张。6月21日，英国侵华远征军舰队先头部队的旗舰"威里士厘"号到达澳门湾，司令官伯麦奉命于22日发表公告："对广州入口所有河道港口一律封锁。"

至此，东西方两个大国之间愈演愈烈的矛盾，终于在英国资产阶级侵略者的阴谋鼓动下演变成了战争。1840年6月，英国蓄谋已久的"为贸易而战"的鸦片战争正式爆发。

整军备战

战争的阴谋在伦敦酝酿的时候，林则徐正在广东密切观察着英国人的动静，依靠人民群众严密地防守，积极地整军备战，其眼光之长远，战术之高明足以使颟顸软弱的妥协派望尘莫及。

林则徐承认英国船坚炮利，中国的军备远不如对手，海战不容易取胜，但是英国劳师袭远，中国正可以以逸待劳，所以他继续采用"以守为战，积极防御"的抗英方针。他着力加强海口、内河和山头的防御工事，购进西洋的大铜炮和其他精致的生铁炮，巩固虎门等地炮台的火力。他还在尖沙咀和官涌山增设炮台，形成更加严密的防御系统，前后呼应，左右配合，互相支援。他在虎门海口设置横档江上的巨大铁链，上悬木排，还在水底钉入许多暗桩抵御英舰进入。虽然这是三国时期吴主孙皓就使用过的防御手段，但在林则徐驻守广东的时候确实有效地抵挡了英舰。在林则徐的周密调配下，驻防关键海口、山头的军队都得到了加强，兵力部署更加合理了。

林则徐积极防御，不代表不主动出击，而是出奇兵、用巧计，适当地偷袭停泊在外洋的英舰。他充分发挥沿海人民的爱国热情和水上本领，招募并训练了大量的水勇。这些人依水而生，以船为家，熟悉近海地形，身手矫健，爬杆下水如履平地。他们深知英国人输入鸦片的罪恶，更因为英国水手肆意行凶而义愤填膺。林则徐让这些水勇看准机会，在夜里靠近并火攻英舰，这种朴素的海上游击战取得了不小的胜利，吓得英国人夜里睡觉都不安稳，总是开着船在海上转来转去地换地方。

英国人的长处在于船坚炮利，林则徐也在积极谋求改善中国的海军力量。英国有一艘武装商船叫"甘米力治"号，拆去大炮后卖给了美国洋行，林则徐从美国人手里购进这艘英舰，配置了三十四门英国生产的大炮，改装成了中国近代史上第一艘现代化军舰。他还参考各国军舰样式，仿造了一些灵活实用的小炮艇和帆船，加强了海防力量。他深知未来的战争是热兵器的较量，火炮是第一重要的武器。战船上的火炮一般是三四千斤，战船颠簸不定，就更要求火炮精致准确；炮台上的火炮虽然在灵活性方面的要求低一些，但距离海上的敌舰太远，必须七八千斤甚至一万斤以上的巨炮才能有力地打击敌人。要想拥有这样先进的火炮，技术上还存在不少困难。靠拆补原有师船、渔船拼凑而成的广东水师新舰队的战斗力确实比以前强了很多，但真正跟英国这样的强敌开战还是没有十足的把握。

铸炮、造船，都是需要大笔经费的，爱国的绅商们愿意捐款赞助，但那远远不够。清政府历来不重视海防，道光帝又十分吝啬，再加上他周围有那么一群主张妥协的小人，林则徐知道，想让国家出这笔钱，几乎是痴人说梦。时局艰难，林则徐没有放弃，有多少钱就投入多少钱，有多大的力量就尽多大的力量，尽量提升广东的防守水平，等待英夷来华一战。

义律等人被清政府赶出了广州，澳门葡萄牙当局迫于清政府的压力也不敢收留他们，英国人长期漂泊海上，饮食供给困难，处境十分困窘，一度可怜到用帆布接雨水饮用的地步。"聪明"的英商在劈柴上写明买卖条件，利用海流把这些"广告牌"飘到海岸边去，告诉中国人他们在某个地方贱卖烟土，高价收购粮食、蔬菜、肉食等物。许多奸民禁不住利益诱惑，乘小船偷偷地和英国人进行交易，走私鸦片，也使英国人获得了补给，严重破坏力林则徐困厄英夷的计划。谋财害命、贪婪狡诈的英国人可恶，里通外国、资助敌人的汉奸更可恶，所以林则徐决定严厉打击卖国通敌的汉奸和诱惑他们的英商。

2月19日夜里，漆黑的天上没有月亮，长沙湾海面上一片沉静，只听见波涛轻轻拍打的声音。白天，许多英商和汉奸把船停泊在这个港湾里，进行违法的交易，现在他们已经沉沉入睡。在提督关天培的策划下，马辰、卢大钺、黄琼、杨雄超四位军官率领四队水勇，悄悄合围了长沙湾。一声号令，四方火起，无数燃烧着的喷筒、火罐被扔到汉奸和英商的船上，风不大，却足以煽起熊熊烈焰，照亮了这黑暗宁静的海湾。汉奸们在梦中惊醒，号叫着奔逃，慌乱中有许多人被烧死、淹死。这次夜袭一共烧毁汉奸船只二十三艘，棚子六座，生擒十个汉奸。英船离得比较远，被偷袭过多次的英国人也很机警，一看着火赶紧扑灭逃逸，所以才侥幸免于被擒。林则徐听了马辰汇报的战绩非常高兴，和怡良会审汉奸，杀鸡儆猴，震慑其他奸民和英夷。

6月8日，马辰、李贤、卢大钺、黄琼等人带兵勇在磨刀洋的小岛间设伏，待到夜半月落时分，他们又一次出其不意地在上风口火攻磨刀洋外停泊的英船，风助火势，火借风威，直烧得火光冲天，有两艘首当其冲的英船被彻底焚毁，一艘损坏。水勇还接连烧毁了依傍英船的汉奸船十一艘，棚子九座。这次夜袭击毙了四个英国人，活捉了十三个汉奸，大快人心。长沙湾夜袭与磨刀洋夜袭的胜利充分证明了林则徐依靠水勇，以逸待劳，打游击战的策略是正确有效的。

广东军民在林则徐的领导下斗志昂扬，同仇敌忾。军队、团练、水勇都在紧张有序地操练，整个广州城都在厉兵秣马，枕戈待旦。林则徐亲自书写了一副对联悬挂在演武厅上激励将士：

小队出郊坰，愿士卒功成，净洗银河长不用

偏师成壁垒，看百蛮气慑，烟消珠海有余清

小队偏师在郊坰地区作战，就能马到成功，让蛮夷闻风丧胆，成为抵御英军的壁垒，这是林则徐抗英的战略战术；"净洗长河"，"烟消珠海"，这是林则徐和广东军民的最大愿望，他们都盼望着烟消云散、天下太平的日子，都愿意为之而舍生忘死地斗争。保家卫国的浩然正气充溢在字里行间，弥漫在练兵场上。

1840年的中国南海之滨，和夏季一起到来的还有英国侵华远征军舰队。英舰在广州海口之外东停西逛，林则徐立即让广东沿海各地进入战备状态，严阵以待，虎门内外炮台群有三千多名官兵磨刀霍霍；澳门一带有一千三百多名兵勇紧急戒备；尖沙咀、官涌山有八百多人扼守山头要塞，居高临下，监视英舰；各处小河道、小海口均有民兵团练和水勇乡民协同防堵。中国人民对于连檣漫海而来的英国舰队没有一丝畏惧，而是充满了战斗的勇气和胜利的信心。林则徐、怡良向道光帝奏报了英军来粤和整军备战的消息，广东正式迎战。

6月28日，侵华远征军的总司令懿律乘旗舰"麦尔威厘"号驶抵澳门湾外，至此，来华的英国侵华远征军舰队共有军舰十六艘，载炮五百四十门，运输船二十七艘，武装汽船一艘，陆海军四千人。义律也登上旗舰与懿律会和，英舰当天就封锁了珠江口。后续还有英国军舰和运输船、武装汽船渐次开来。

作为一支远涉重洋的军队，英军劳师袭远，要想获得最终的胜利，士气很重要。这是英国第一次与中国开战，也是世界近代史上西方第一次如此正式地对整个中国宣战，第一战必须胜利。作为禁烟、具结、交凶、谈判、海战的老对手，义律深知此时的两广总督林则徐是个多么厉害的大人物。他有胆有识，不仅敢于抵抗，还善于抵抗，深得民心，不可小觑。此外，广东还有一员英勇善战的虎将关天培坐镇，炮台严密，水师精良。如果选择在广州开战，还得一战必胜，不是给自己出了一个大难题吗？至于那份要挟中国的《致清朝宰相书》，帕麦斯顿指示他们在中国进取一步就上交一次，义律也不愿意让林则徐成为第一个摸清英国作战意图的人。总之，林则徐不好对付，开战可能不顺利。综合考量之后，义律和懿律决定避重就轻，在30日率领大部分舰船离开广州北上，留下粤海英军舰队司令官士密带领余下部分舰船继续封锁珠江口。

第二天，林则徐得知大部分英军北上的消息，立即飞马上奏道光帝，并咨文告知浙江、江苏、直隶等省官员，请他们加强海防，一体防范。他还和巡抚怡良下发了《英夷鸱张安民告示》："英夷诡计多端，凡事都虚张声势，就算他们来的人再多，也不过一万多人。他们的人数有限，而内地的兵勇无数，不只是十对一，甚至是百对一，直至千万中国人对一英夷，还愁不能把他们剿灭干净？他们若是敢来进犯内河，第一潮退之后河内水浅，英舰自会搁浅干裂；第二伙食得不到补充，坐吃山空；第三军火不济，如同鱼处在涸辙之中，是自己来送死，怎么还能活着回去？我们在河口准备了几十只石船，英夷一旦闯入内河，就填塞河道，把他们堵在里边。英夷以鸦片谋财害命，早已引起公愤。现在本部堂（总督）、部院（巡抚）和大家约定：如果英夷的兵船进入内河，就允许你们人人持刀痛杀。凡是杀死一个白鬼子的，赏银元一百；杀死一个黑鬼子（来自英国殖民地的黑人士兵）的，赏银元五十。只要拿着首级来让本部堂、部院验明确认，就在大门口立即发放赏钱。擒获携带鸦片的奸商、窥测军情的侦探，赏钱加倍；捉住英夷头目的，赏钱再翻一番。如果能夺取英夷的大炮，那就按照炮的大小发放赏钱。即使是以前曾经通敌、应该杀无赦的汉奸，只要真心改悔，杀敌立功，一样给赏钱。凡是立功受赏的人，都会发榜公布名单，让大家都知道。但是，十三行洋楼里有很多别国夷人，他们关起门来过日子，和英夷没有关系，不许你们借此机会去骚扰，擅自闯入人家，杀人冒功的，立斩赎罪。希望大家严守法令，不要违背。"

虽然林则徐对英夷的判断不尽正确，甚至还有一些愚昧的地方，但是他相信人民群众，依靠人民群众，这一句"允许人人持刀痛杀"，确实让英夷闻风丧胆。英国人惶恐不安地说这是"野蛮"、是"暗杀"，其实这是在缺乏有力的正规军、武器装备又落后的中国最有效的御敌之法。这场战争也许带有大清国一切傲慢的偏见，蠢笨的行动和迂腐的气息，但是在广东它真的是人民战争。腐朽的地主阶级对于人民拥有武装力量一般是诚惶诚恐、避之不及的，但林则徐与他们不一样，他敢于放手发动人民群众，真正地发挥人民的力量。也正是因此，英夷才对林则徐敬畏有加，不敢来犯。

英军封锁了珠江口，是想等待主力部队在北方得手之后再配合行动。林则徐严防死守，戒备森严，英军在海上来回漂荡，不但白天不敢轻易启衅，连夜里都在战战兢兢地防备着林则徐招募的水勇放火烧他们的战舰。林则徐的整军备战卓有成效，当时真正掌握珠江口战争主动权的其实是中国人。

昏君佞臣

英国人为了旗开得胜，鼓舞军心，明智地避开了林则徐防守严密的广东，沿海岸线北上进犯福建、浙江。

林则徐早就提醒沿海各省的大员们英军要北犯，请他们务必提高警惕，加强海防，这谆谆的忠告都被他们当成了耳旁风，只有老友闽浙总督邓廷桢是林则徐"以守为战，积极防御"的抗英方针的坚定支持者和践行者，在福建沿海做了很好的防御准备。1840 年 7 月 2 日，英舰"布朗底"号闯入厦门，要求递交《致清朝宰相书》。英军数次登岸企图投递书信，不是被守军用鸟枪击毙，就是被长矛刺死。英军开炮轰击中国百姓民房泄愤，被中国水师围住火攻，烧坏英舰头尾，损失英兵数十人之后，英舰仓皇逃窜，递信未成。

大股英军来到浙江定海（今舟山市），定海海防松弛，毫无准备。7 月 3 日，英军探测定海附近海域、河道，水师总兵张朝发听说英舰驶入了沈家门，竟然说："夷船被风吹进来是常有的事，不必大惊小怪。"兵勇说夷船越来越多，不像是偶然被吹来的，文官们相视一笑，说："想必是封闭了粤海关的贸易，夷人都跑到我们这里来做买卖了，正好可以多收点儿钱。"第二天，英军给定海知县姚怀祥下达了最后通牒，限他一天之内献城投降，这些糊涂的官员才恍然大悟，敌人已经兵临城下。要做什么周密的防守是来不及了，但是张朝发和姚怀祥都没有想过投降，而是相约以死报国。5 日下午，英军发起进攻。张朝发率领水师战于外洋，在炮火中屹立船头督战，受伤落水，被救回镇海（今属宁波）之后因伤重牺牲。英军包围定海县城，连夜炮轰，六日清晨破城，姚怀祥率众抵抗无效后，遥望京师，自杀殉国。

英军进入定海后发现了一门外国铸造的大炮，上边有铸造时间与铸造者的名字，拂去斑斑锈迹后，看到了上面竟然刻着"1601"，这门炮比大清国还老好几十岁！这样的军备充分暴露了清政府的腐败，建国二百多年来武器竟没有什么进步；海防空虚，几乎可以说是有海无防。英军得意洋洋，更坚定了打败清政府的信心。尽情嘲笑过清政府之后，恐怖的屠杀和抢劫开始了，定海几乎成了空城。首战告捷的喜讯确实让英军大受鼓舞，连广东的英军都开始挑衅。

19 日，士密派人突然袭击广东关闸炮台，中国守军奋起反抗，但是枪还是落后的火绳枪，炮也总是打不准，逐渐被英军的火力压倒。三百八十名英兵趁乱登岸，收占了关闸炮台，把台上的大炮调过来轰击关闸，造成了清军很大损失，参将波启善和守备陈宏光都受了伤。海上的水师舰船被击沉了三艘，余众见状逃避。英军用大炮轰毁关闸界墙之后，放火烧了帐篷，掠走了较好的大炮，其余大炮的火门均被钉死，得胜后英舰趁潮驶离关闸。

林则徐刚根据在粤招募民兵，发动群众杀敌的经验写成御敌密函寄给浙江巡抚乌尔恭额，就接到了关闸之战失利的战报，大为恼火。他严惩了临阵脱逃的官兵，鼓舞士气，振奋军心，准备再战雪耻。他密切关注着英军的动向，听说大批英舰齐集磨刀洋，便与关天培商议制订了围剿磨刀洋英军的计划，周密的准备之后，林则徐亲自送斗志昂扬的水师官兵、水勇出海作战。

31日，中国水师在海上发现了零星英舰，追击至矶石洋后双方遭遇，展开炮战。马辰指挥师船靠近敌舰"架历"号，用三千斤铜炮打坏了它的头鼻，英兵纷纷落海。激战直至天黑，英舰才逃离战场，水师共击毙英兵数十人，打坏英舰多艘，取得了矶石洋海战的胜利。这是水师官兵和水勇联合演习之后第一次配合作战，效果很好。林则徐收到捷报，这才露出了笑容。要是沿海的官吏都能像林则徐一样加强战备，勇敢出击的话，不是没有战胜英军的可能，可悲的是，他们没有这样。

7月24日，定海失陷的消息传到北京，道光帝又惊又怒，他慌慌张张地调兵遣将，革去了乌尔恭额的巡抚之职，以刘韵珂代之，并命两江总督伊里布为钦差大臣，办理浙江军务。朝中的妥协派在林则徐禁烟的时候就阴谋破坏，现在更是抓住时机向皇帝进谗言，有的说夷人来犯是因为禁烟，有的说是因为林则徐欠债不还得罪了夷人，有的说是因为断绝了贸易，道光帝在流言蜚语中逐渐动摇了对林则徐的信任。

英军杀人越货的野蛮行径激起了浙江人民的激烈反抗，他们在定海站不住脚，又图谋北上。江苏的海防力量比浙江还薄弱；

山东几乎没有能熟练地开炮的士兵；直隶炮台上的铁炮大多锈损；天津海口防守的兵力仅仅有二百人；山海关的炮位十室九空，残存的几门还是明朝留下来的遗物；奉天（今辽宁）海岸漫长，兵丁不过数百，也几乎没有设防。英舰正如狼似虎地向北开来，想到这样的海防，道光帝心惊肉跳，赶紧派妥协派的干将，一贯"机灵"的直隶总督琦善去天津筹办夷务。

8月11日，懿律、义律、伯麦率军进泊天津大沽口，向琦善派去的代表递交了《致清朝宰相书》的印刷副本，并且要求代买食物，琦善满口答应。13日，琦善的心腹白含章登上英舰"威里士厘"号，接受了帕麦斯顿《致清朝宰相书》的原本和汉文译本，卑躬屈膝地讨好侵略者。懿律经过广东、福建、浙江沿海都遭到了顽强的抗击，不想在天津却受到了如此礼遇，对琦善的表现大为满意，态度也和缓了很多，中英之间一派"朋友般的和谐"气氛。

17日，琦善把英国政府致中国政府的公函呈交道光帝，并根据白含章的见闻写了一份耸人听闻的附片，极力夸大英军的实力，突出其船坚炮利，说什么英舰每艘配置大炮三四百门，各重七八千斤，实际上最大的英舰"威里士厘"号仅有七十四门大炮。琦善如此渲染，不过是为了日后一旦战败，他好有托词，逃避责任，也是为了吓唬犹疑怯懦的道光帝，让他赶快议和，避免战端一开，他再像乌尔恭额一样丢了红顶子。

道光帝一见此折果然大惊失色，英舰就在天津，等于大炮抵住了北京的门户,万一办理不慎,京师蒙尘,天朝的威严何在?穆彰阿他们说得对,都是林则徐非要禁烟,事情办得又不地道,惹得英夷打上门来了。于是他决定牺牲林则徐,换取英国人的好感,促使他们尽快退兵。20 日,他勉强壮起胆色,撑起架子,以"天朝上国、万邦共主"的口吻晓谕英夷:"去年林则徐等人查禁烟土,没有领会皇帝大公至正的诚意,以致受人欺蒙,措施失当。你们请求昭雪的冤枉,大皇帝早有耳闻,一定会细细查明,重重地治林则徐的罪。现在已经派钦差大臣琦善驰赴广东,秉公查办,肯定能替你们申雪冤枉。着令该统帅懿律等,立即返棹南去,听候办理就可以了。"道光帝还叮嘱琦善,一定要随机应变,上不可失国体,下不可启边衅。琦善最善于揣摩皇帝的心思,对道光帝妥协求和的愿望心领神会。

8 月底,琦善派人送去成群的鸡鸭牛羊,犒劳英军。琦善和英国人谈判的时候反复强调,只要英军离开天津去广东,一切好说。经过谈判和许诺,义律对赴粤议和有了底,再加上秋风渐起,海上一天比一天寒冷,英军不想在中国北方久留,9 月15 日,懿律照会琦善,即日返棹回南。

英国人终于把刀从道光帝的脖子上拿下来了,这可是琦善的一大"功劳",皇帝大为嘉奖,决定让琦善去广东和英夷议和,并且谕令沿海督抚,英舰南行途中不许开枪放炮。琦善一看皇帝的态度倒向了议和,立即上书添油加醋,渲染英国人多么不可战胜,污蔑抵抗派林则徐、邓廷桢的抗英成果。道光帝尽信小人之言，决定把林则徐、邓廷桢交部严加议处。29 日，又下旨把两广总督林则徐、闽浙总督邓廷桢一并革职，由琦善署理两广总督，琦善未到之前由巡抚怡良暂代，令林则徐不必来京，邓廷桢也去广州听候查问。

一心要保国安民的林则徐没有被英夷的坚船利炮打倒，却败在了一位昏庸的皇帝和一群懦弱无能、以私废公的小人手上。皇帝已经下旨将他革职，查问他罪过的钦差大臣正在路上的时候，这位赤胆忠心、不知实情的林大人还在废寝忘食地写奏章，建议皇帝禁绝鸦片、加强海防，睡梦里他的心都在随着六百里加急信使的快马奔向北京⋯⋯

自毁长城

北京的道光帝心理天平渐渐倒向了求和一方，广州的林则徐多少也能感觉到，因为道光帝批复他请求禁烟、抗英的奏折不再有鼓励，而是冷冷的拒绝甚至严厉的斥责，他的一片爱国之心被泼了冷水。等他听说琦善在天津与懿律等人交涉，请求他们来广东议和的消息之后，心里更加愤慨和悲凉，自己个人的沉浮起落不足为意，但是妥协求和会寒了将士们的心，破坏抗英大局，把整个中华民族推到危险的绝壁边缘，怎么不让人忧心如焚？

他一边强忍忧愤，与怡良、关天培筹划抗英策略，加强炮台的防守，一边酝酿上书皇帝剖白心迹。9 月 22 日起，林则徐用了两天两夜的时间构思和撰写奏折，首先承认办理夷务"不当"，自请处分，然后在附上的《密陈办理禁烟抗英不能歇手片》里顶风上奏："有人污蔑禁烟运动，实在不知是何居心。鸦片流毒四海，甚于洪水猛兽。圣君为天下万世计，断无所谓不必禁烟之理！有人说夷兵来犯是禁烟引起，殊不知英夷自从对华输入鸦片起就包藏祸心，逐渐演变为直接侵华，本就是意料之中的事。英夷既已犯边，就应该以军威镇服，设法羁縻，（妥协求和）只能是养虎遗患。英夷贪得无厌，得寸进尺，我中华退一步他们就进一步，如果不打败他，恐怕祸患永不止息，而且要是其他夷人也起了异心，图谋不轨，更不能不虑。臣以为应该把贿赂英夷的钱拿来巩固海防，再从粤海关的税收中抽出一部分，补贴军用。从此要造最坚固的战舰，铸最厉害的大炮，建立强大的海防，裨益实在千秋！只要对国家有利，就是肝脑涂地，臣也不敢自惜。倘蒙皇上天恩，让臣戴罪立功，到浙江前线效力，臣必当殚竭血诚，以图克复！"

林则徐自知皇帝的态度已经偏向妥协，不愿再听禁烟抗英的主张，还是知其不可而为之，顶风逆流呈上了这份折稿。他高瞻远瞩，坚守正义，维护民族的最高利益，不计个人得失，显示出高尚的爱国情操。他的耿耿忠言在百年之后，虽时异势殊，依然触动人心。为民请命，为国请战，像当年在江苏巡抚任上请求道光帝蠲免灾区赋税一样，再次不惜拂逆龙鳞，泣血上奏，堪称悲壮之歌。

但是，道光帝牺牲林则徐、邓廷桢来和侵略者议和的决心已定，任何忠贞贤良之臣、感人肺腑之言也融化不了他坚硬冰冷的心。10月13日，巡抚怡良来找林则徐，交给他一份皇帝谕令各地撤兵的廷寄，面带难色地指了指上边的称呼——"护两广总督怡开拆"。原来，林总督已经被撤职了，廷寄都不再是给他的了！林则徐心里翻江倒海，但是仍面不改色。吏部没有下达正式的公文，他还要坚守岗位，为了国家，为了民族！

20日，一道吏部咨文送到林则徐的面前，内容是把他交部严加议处，令他来京候议，以直隶总督琦善署理两广总督，琦善未到之前由怡良暂行护理。林则徐什么都没有说，静静地把咨文放到了桌子上，当天，他就把总督的大印交给了怡良，正式卸任。

广东的爱国官兵、抗英群众、有担当的绅商们得知林则徐被罢黜，都极为震惊愤慨。听说林则徐要走，他们决定为爱民如子、砥柱中流的林大人举行公饯。23日，官兵、绅商、百姓扶老携幼来为林则徐饯行。他们填街塞巷，聚集到督署的门前，殷切地等待着林大人。身穿布衣的林则徐赶紧从后堂跑出来接见。他看到百姓手里捧着自制的靴子、雨伞，以备他进京的路上使用；还有香炉、明镜，表达对他的崇敬，赞颂他明镜高悬，是青天在世。健壮的小伙子们抬着一面面颂牌隆重地献到林则徐面前，逐一请他过目，有的写着"民沾其惠，夷畏其威"，有的刻着"勋留东粤，泽遍南天"，有的是"公忠体国"，有的说"清正宜民"，还有"烟销瘴海""风靖炎洲""德敷五岭""威慑重洋"等盛誉，林林总总，共计五十二面。林则徐满含热泪地向来饯行的人们作揖行礼，不断地说着："不敢当，不敢当……"人们盛情难却，他一再向大家致谢，收下了颂牌，放到了天后宫内，劝大伙儿把其他东西收回去，林则徐心领了。

马上要离开广州了，林则徐心里有愤懑，有留恋：愤懑的是主上不明，妥协派当权，向侵略者屈膝求和，危害深重；留恋的是这里淳朴善良的人们，与他们并肩战斗的日子是多么难忘！老战友邓廷桢走了，现在自己也要走了。广东人民将永远铭记着林则徐禁烟抗英的伟大功绩与坚贞不屈的抵抗精神，他永远是广东人民抗英斗争中的精神领袖！

送走了热情的民众，林则徐开始在家人的帮助下打点行装，清理书籍，准备上路。他宦游多年，每次搬迁，书都是个重头戏。中国古代的圣贤书给了他经世济民、先忧后乐的精神支持，从西方翻译过来的著作开阔了他的视野，开眼看世界，才知道世界有多大。这些书是林则徐的无价之宝，哪怕是被贬谪、被迁徙，都不会丢弃。

25日夜里，吏部再下公文，令林则徐不必来京，就在广州等候查问。林则徐赶紧改变行程，追回已经托运的行李，搬出了督署。广州盐商出于对林则徐的仰慕和敬重，马上欣然让出高第街的连阳盐务公所，借给他居住。林则徐虽然谪居，依然心系国运。怡良作为他以前的下属，一直很尊重林则徐的意见，每逢军政要事，总要和林则徐商议，林则徐也尽心竭力地帮助怡良维持局面。

11月6日，英舰"窝拉疑"号先行来到粤海，肆意劫夺中国水师米船，关天培激愤地向怡良请求还击，怡良很为难——皇帝明令不许开战。林则徐为怡良妥为筹划，决定为了大局暂忍一时，若英夷再来，定不能坐受蹂躏。20日，懿律率领英国舰队来到澳门海外，派人前往虎门投递咨文，沙角炮台的守将陈连升开炮把它打跑了。当时广州军民人人思战，陈连升还击就是这种情绪的客观表现。

21日，邓廷桢风尘仆仆地从福州赶到广州，"听候查办"。他和林则徐互相拜望，互相鼓励，为时局国运而唏嘘拍案，共商对策，处江湖之远而忧其君。面对前方的惊涛骇浪，他们再一次并肩站在了一起，准备同舟共济。

29日，阴云惨淡，又湿又冷，江边冷冷清清的天字码头开来了一艘似乎也冻得畏畏缩缩的官船——办理议和的钦差大臣琦善到达广州。回想一年半之前，办理禁烟的钦差大臣林则徐到达广州的时候，正是烟花三月，春光明媚，有多少官员百姓翘首以盼，夹道欢呼，而今冷落至此，是天意还是人心？琦善一进广州，立即追问是谁这么大胆开了炮，破坏和谈大局？按照英国人的要求，他要惩办陈连升"谢罪"，在广东文武群僚的合力反对下才悻悻作罢。英国人不依不饶，琦善赶紧派张殿元、白含章等人登舰道歉。他严令沿海守军，不得贪功起衅，耽误大事。本来报国心切、满腔热血的爱国官兵在主和的皇帝和他的忠实奴才的打压下士气不振，军心逐渐瓦解。

12月4日，琦善就任两广总督。他当面对怡良说："皇上的意思呢，夷务是由我这个钦差大臣专办的，我也不便透露。巡抚嘛，管好地方事务就可以了，不用你过问夷务。"从巡抚以下的所有广东官员都不得干涉他的议和大业，至于爱国群众云集的广州，在他看来更是"汉奸充斥"，要严加防守。他以趋炎附势的小人张殿元、白含章为心腹，还十分宠信曾给颠地做过买办的里通外国的鸦片贩子鲍鹏，整天和他们商量怎么安抚义律。如此亲佞远贤的钦差大臣，信用这样的虾兵蟹将、狗头军师，群小汇聚，臭味相投，广东夷务乌烟瘴气也就不足为怪了。

琦善为了表示议和的诚意，对林则徐在任时采取的抵抗措施一律反其道而行之。林则徐招募的团练水勇，琦善把他们全部遣散。林则徐在虎门江口设置铁链木排，在江底钉插桩柱，以防英舰威胁广州；琦善把铁链木桩尽行拔除，以示一心议和，不以英军为敌。林则徐痛恨汉奸，严令查拿，鼓励举报；有人像从前一样来汇报谁是汉奸的时候，琦善就恶狠狠地斥责："我看你就是汉奸！"林则徐眼光开放，一直注意搜集情报，做到知己知彼；有人向琦善提供英军的动向和外洋的情报，他更是暴跳如雷地狂吼："我不像你们林总督，身为堂堂天朝的封疆大吏，天天刺探外洋的情事！"

这一桩桩、一件件真是亲者痛，仇者快，自毁长城。琦善阿附英夷，倒行逆施，在广东官场的人缘很不好，百姓提到他更是切齿痛骂。

丧师失地

义律在天津态度还算可以，所以琦善对广州谈判的前景很乐观。可是到了广州，义律立马强硬起来，在琦善就任的第一天就给了他一个下马威。他蛮横地向张殿元提出了十四条要求，如赔偿烟价、军费，割地，开放更多的通商口岸，在北京设立英国使馆等，条件之苛刻，态度之恶劣，前所未有。琦善看着这些条款真是如坐针毡，赶紧派"得力干将"张殿元、白含章、鲍鹏去和义律谈判，讨价还价了半个月，终于把赔款商定为六百万元。

按下葫芦浮起瓢，赔款刚刚说妥，双方马上又因为开放哪里为通商口岸争执起来。琦善本来就没有处理大事的全权，一切都得听皇帝的旨意，怎么能私自同意开放地点。他一边上奏请求开放厦门和福州，一边把这个意思透露给义律。琦善想：离北京越远越好，不威胁京师皇帝就可能答应。可是英国人看准了长江三角洲是未来经济发展的黄金地带，非要开放上海不可。上海不仅离北京的距离比厦门近多了，更可怕的是它离当时地位仅次于北京的全国第二大政治文化中心南京是咫尺之遥，怎么能让英国人在卧榻之侧开埠通商呢？

琦善不敢轻易答应义律开放上海，义律便屡屡以开战相威胁，林则徐、关天培都建议加强虎门防备，以防不测，琦善把林则徐的信扔在一边不理，当面埋怨关天培"阻挠和议"。侵略者把大炮抵在门口要挟，软骨头的琦善不但不做战争准备，却送上大批的牛、羊、水、米去讨好义律，苦苦哀求义律不要逼迫太紧。义律当然不会为这一点小利放弃英军侵华的既定目标，他暂时放下开放港口的争端，提出要像葡萄牙在澳门那样，让清政府也割一块地给英国人寄居。开埠尚且不敢随便答应，何况割地？琦善更加为难，像热锅上的蚂蚁似的转了好几天也没有办法，他既没有答应义律的要求，也没有向虎门增派兵力，几乎就是"听天由命"的态度。

1841 年 1 月 7 日，义律没有等来琦善的答复，决定进攻虎门的第一重门户——大角和沙角炮台。英军炮火猛烈，大角炮台垣墙多被轰毁，一千四百名英军趁势登陆，包抄炮台。守军拼死抵抗无望后，把最好的大炮推入海中，负伤突围，大角陷落。英军合力猛攻沙角，陈连升率部英勇抗击，无奈英军陆战队所用大炮运转自如，而我方自铸铁炮不能移动，损失惨重。守军退入炮台死守，在屋里向外开枪放炮，因为琦善拨来的火药炭屑太多，根本没法使用，于是渐渐弹药不支。陈连升身先士卒，左杀右砍，被英军当胸击中，以身殉职。其子陈长鹏见父亲中弹仆倒，怒吼一声，挺戟冲入敌群，横劈直刺，杀得敌尸满地，他自己也被英军砍中了几十刀，血染征袍，最后被敌人破腹，壮烈殉国。沙角炮台当天陷落。

林则徐听说大角、沙角炮台失陷，陈氏父子血战殉国，悲从心生，欲哭无泪，作为一个谪居无权的罪臣，他能做什么呢？他只能沉痛地记录下这件事，然后痛骂琦善："倒行逆施，懈军心，颓士气，壮贼胆，蔑国威，这次大败，都是被他出卖！"

琦善早已被英军隆隆如雷的炮声吓破了胆，依照义律的指示，不敢增派一兵一卒，不敢添置一枪一炮，就知道派他的"大谋士"鲍鹏去和义律讲和。经过反复商讨，义律终于答应撤走定海英军，归还大角、沙角，条件是恢复广州通商，割让香港岛。琦善不敢明确答应，只能敷衍义律，同时向皇帝请示。20日，义律公布了一份未经双方公认，也没有签订的协定，内容是割让香港、赔款六百万元、两国平等交往、恢复广州通商等，因为在穿鼻洋附近谈判，史称《穿鼻草约》。

琦善终于松了一口气，但是事情没有那么简单。这份暧昧不清的草约，不但中国人民和林则徐、关天培等爱国官员、将领不答应，连琦善议和的靠山道光帝也不满意。道光帝觉得英夷要求过甚，又开始倾向主战派，调了南方几省四千兵力赴粤，让林则徐、邓廷桢出来协办夷务。林则徐等虽然得以参商夷务，却没有上书言事的权力，力量还是很弱，影响还是很小。26日，旧历辛丑年正月初四，义律宣布正式占领香港，并乘船来狮子洋边的莲花城会见琦善。历次谈判中逐步形成了《善定事宜章程》，其中各项条件琦善基本上都已

第一次鸦片战争海战景象

经妥协，唯有割让香港，他实在担不起这么大的责任，一直在和义律反复推商。

2月1日，琦善把近期谈判的情况上奏道光帝，大肆渲染广东"无险可守"，开战必定"损天威而害民生"，他是多么"寝食难安"地焦心筹划，请求皇帝开恩，允许给香港一处让英夷寄居。在接下来的几天里，义律一方面让伯麦在香港贴出"安民"告示，一方面用武力威逼琦善在《善定事宜章程》上签字，承认英国对香港的占有权。琦善已经准备让步了，却于13日接到消息：道光帝派皇侄奕山为"靖逆将军"，杨芳、隆文为参赞大臣，赴粤主持抗英。皇帝主战的趋势越明显，琦善就越不敢签约；琦善越是拖沓，义律就越不耐烦。直到19日，中英和谈的胶着话题——香港的归属还是没有明确说法，谈判破裂。

林则徐、怡良等人看到道光帝点将出征的谕旨先是十分欣喜，再看下文却又收回了笑容，变得又急又气。道光帝说他也体谅琦善的为难之处，大军未到之前，还是暂行羁縻。皇帝是战是和的态度如此自相矛盾，既已派兵来粤，就应该让广东方面也强硬起来，加强防守，整军备战。"暂行羁縻"就是还让妥协派开门揖盗，不做防备，就算大军来到，没有准备怎么开战？何况中英谈判濒于崩溃，只要稍不答应，义律就凶相毕露，兵临城下，还"暂行羁縻"，哪有这样的道理？果然，就在议和进入僵局的时候，义律为了逼迫琦善签字，乘虚而入，进军虎门！

关天培火速向琦善告急求援，林则徐建议怡良发动百姓，杀敌立功者重赏，琦善也慌慌张张地调兵遣将，可是这已经太晚了。25日，英舰势如破竹地突入虎门，堵住了运兵增援的水路，把横档与永安两炮台团团包围。26日，英军发起总攻，两炮台弹药用尽，官兵伤亡惨重，最终失守。横档岛上最后的十几名受伤官兵在大批英军的步步紧逼之下，全部投井自杀。

横档失陷之后，最重要的靖远、镇远、威远三炮台完全暴露，英军猛烈进攻。提督关天培与游击麦廷章等督军英勇抵抗，双方展开激烈炮战，弹片横飞如雨，一直打到大炮过热，浑身发红，最终炸裂。下午二时，守军死伤大半，弹尽炮毁，被英军的炮火压过。大批英军乘势登岸，扑上炮台。须发苍苍的老将关天培奋起神威，手持腰刀，如砍瓜切菜一般砍杀英军，直砍得刀刃崩缺，夷血染袖。远处的英军见这位将军势不可挡，急忙调转炮口，对准关天培轰击，一炮正中关天培前胸，血流如注，但他虎目圆睁，伟岸的身躯屹立不倒，脚下的英军仰以为神，有些甚至被吓得趴在了地上。同时，麦廷章也在奋勇杀敌，最终寡不敌众，和关天培一样以身殉职。三炮台失守，大、小虎山守军退却，悲壮的虎门保卫战以失败告终。

林则徐听说英舰进逼虎门，三炮台危在旦夕，焦虑地一夜未眠。第二天，关天培、麦廷章战死在炮台上的噩耗传来，他更是悲痛欲绝，泣不成声。他满怀悲愤地为二将写下一副挽联：

六载固金汤，问何人忽坏长城，孤注空教躬尽瘁

双忠同坎壈，闻异类亦钦伟节，归魂相送面如生

此联字字皆是血泪凝结，对他们以身殉国的赞颂，对妥协派的憎恶谴责，痛失战友的悲愤凄凉，报效无门的爱国热血，尽在其中。林则徐虽不能上阵杀敌，可是他无时无刻不在挂念着前线的战事。关天培在虎门，或许是艰难时局中唯一的安慰。林则徐仰天长叹，虎将已然杀身成仁，问苍天，谁还能为大清镇守虎门？

虎门已失，英军溯江而上，27日，轻而易举地攻下了乌涌土炮台，击沉了林则徐购置的战舰"甘米力治"号。英军步步深入，广州危急。3月3日，琦善派余保纯赶到黄埔去向义律乞和，接受了更加苛刻的《戢兵条款》：赔偿英军一千二百万元，三日内交一半，再割让尖沙咀给英国。义律限琦善三天之内在

条款上盖上钦差大臣官印。

林则徐在这几天之内奔走呼号于各商馆、会馆之间，募款募兵，招募水勇，保卫广州。5日，道光帝派来的参赞大臣杨芳抵达广州。既已派将调兵，自然不能同意《戢兵条款》。怡良此前在林则徐的建议下已经上奏道光帝，揭发琦善"私割香港，妥协卖国"，道光帝大怒。12日，一道严旨下达广州："朕君临天下，哪怕一尺土地，一个居民，莫不是国家所有。没有朕的旨意，琦善竟敢让英夷公然占据香港，还乞求通商，如此辜负朕恩，误国害民，实属丧尽天良！着令革职，锁拿解京，严刑讯问，所有家产查抄入官！"这个乞和误国的妥协派，终于得到了应有的下场！林则徐身居谪邸，心系国家，一直在与妥协派斗争，此时也暂时露出了欣慰的笑。

离粤守浙

英军兵临天津城下，道光帝感到了切身威胁，赶紧屈服求和，让琦善到广东谈判。义律提出的条件太过苛刻，琦善又办理不力，以致丧师失地，一败再败。道光之前，大清一直是开疆拓土，从没有把土地人民割让给别国的先例，英军强占香港岛，使道光帝忍无可忍，决心整军再战。他派出的参赞大臣杨芳先到了广州，之后靖逆将军奕山、参赞大臣隆文陆续到达广州，他们的到来会不会给广州的战局带来转机呢？

杨芳是一位久经沙场的老将，今年已经七十多岁了。他一生镇压了不少起义，在平定新疆张格尔叛乱的战争中也立下大功，受封为"果勇侯"。道光帝这次派老将出马，对他寄予了厚望。广东人民在琦善的误导下忍气吞声，一再失利，迫切希望这位声名显著的老将能带领他们打几个大胜仗，痛击英国鬼子。林则徐也以为杨芳一来，必能重整军马，再挫敌锋。

没想到这位昏聩的老将"内战内行，外战外行"，早已丧失了当年的勇猛，不仅没有斗志，更没有头脑。他和手下将领们站在炮台上瞭望英舰，很奇怪为什么英军的大炮架在晃晃悠悠的船上，打得却比我们固定在炮台的大炮还准？他对周围将官众说纷纭的解释都不满意，自以为是地给出了他的"合理"说法——英军内部必定有善用邪教方术的人，也就是说有鬼。他让保甲收集了很多妇女用过的马桶，说这是"污秽"之物，能破除英夷招来的鬼。他还兴致勃勃地让人扎草人、建道场，祈祷神明护佑，弄得广州城里乌烟瘴气，军心涣散，不知守备。

马桶、草人就能驱鬼退敌，这"高明"的御敌之法也只能骗鬼。英国人根本不把杨芳的这些小把戏放在眼里，驾驶战舰长驱直入，屡次进入内河，骚扰边境县城，遭到当地的守军奋起反抗才知难而退。3月16日，义律派火轮船"复仇女神"号等闯过杨芳设置马桶的小竹筏阵，企图进城递信。凤凰岗守军果断开炮抵抗，击沉了两只小船，还打断了"复仇女神"号的桅杆，英舰逃走。义律怀恨在心，决定横扫城外壁垒，直接进击广州。

林则徐目睹了这位杨果勇的"远见卓识"，非常失望。得知义律要进攻广州，他赶紧给年轻时的同学、朋友、现任广西巡抚的梁章钜写信，请他把广西的大炮运一部分到广州前线来。他自己也写下了遗书，准备在广州战役中捐躯报国。

18日，义律率领七艘军舰，三艘火轮船，后边跟着一些小船，气势汹汹地闯进了珠江口，扫除广州城外的防御工事。凤凰岗守军因为不敌英军船坚炮利而溃败，义律攻占了沿途的小炮台，使广州几乎无险可守，还占领了十三行商馆。第二天，义律叫洋商头子伍绍荣给杨芳送信，要求恢复通商。杨芳再也不提什么"马桶阵"、"草人兵"了，赶紧叫上怡良跑到林则徐的住处讨教。林则徐权衡利弊，觉得恢复通商的条件不算苛刻，更不算丧权辱国。作为权宜之计，暂解广州之围，还可以接受。20日，杨芳派余保纯到英舰送信，答应恢复通商，请义律退兵。次日，英舰果然如约退出了广州，恢复了和平。

义律率军大举进攻，本可以趁机要挟中国，为什么只提了这么一个看起来不太严苛的条件就退兵了呢？原来，中英关系恶化以后，清政府停止了中英贸易，再加上连日的战事，连走私都不方便，停泊在珠江口外边的大批英商船只都在焦急地等着进货贸易。广州一开放通商，他们立刻购进了三千万磅茶叶，把商船装得满满的，准备回国贸易。英国政府也可以从这一大批茶叶的贸易中获取三百万英镑的税收。连这场战争都是为了商业利益打响的，义律怎么能不随时考虑英商的贸易情况呢？可以说，他寻衅滋事，来进攻广州，就是为了找个借口恢复通商，目的达到了，自然如愿以偿地退兵了。

林则徐就任钦差大臣主持禁烟以来，整日陷在繁杂的政务之中，无暇照顾家人，夫人郑氏和孩子们也都在不同的地方居住，他们通过书信联络，互致惦念与安慰。4月8日，是郑夫人的诞辰，林则徐在感慨与思念中，赋诗《辛丑三月十七日（旧历）室人生日有感》以为纪念：

> 敢将梁案举齐眉，家室苍茫感仳离。
> 度岭芒鞋浑入梦，支窗蓬鬓强临岐。
> 剧怜草长莺飞日，正是鸾飘凤泊时。
> 婪尾一杯春已暮，儿曹漫献北堂卮。
>
> 偕老刚符百十龄，相期白首影随形。
> 无端骨肉分三地，遥比河梁隔两星。
> 莲子房深空见薏，桃花浪急易飘萍。
> 遥知手握牟尼串，犹念金刚般若经。

禁烟抗英的硬汉林则徐在这风雨飘摇的时候，眼看杨芳荒废军务，不趁歇战加强战备反而终日取乐，心中愤懑难言，更加思念远方的亲人了。

14 日，靖逆将军奕山和参赞大臣隆文也到达了广州，他们摆出虚心请教的姿态，请林则徐、邓廷桢共商守战大计。林则徐的爱国热情又被激起，满怀希望地写了一份洋洋洒洒的广州防务计划，上交奕山参考。在这份"平戎策"里，林则徐提出堵塞和严防水路要道，赶制大炮和战船，调配船炮，做好战争准备，整理火船，招募水勇，探测敌情，严查汉奸等一系列来自经验的行之有效的御敌策略。这套策略是他在任时"以守为战，积极防御"的方针的延续，以守为主，辅之以必要的进攻，知己知彼，便可百战不殆。

可惜的是，这份"平戎策"又一次被当权者看作了"种树书"。这位"靖逆将军"早就做好了求和的准备，到了广州之后，守土抗英的大事不见他热心，倒是先忙着收购钟表等洋货——在北京很少有卖这些的，广州经常有夷人贸易，洋货也多。那位参赞大臣隆文则忙着收购古玩字画，靖逆将军行辕天天有古董贩子进进出出，简直成了市场。奕山、杨芳和琦善一样，认为"防民甚于防寇"，把当地百姓视作汉奸，专门依仗从各省调来的客兵，导致内部矛盾重重。

道光帝先后从南方几省调来了许多杂牌军队，合起来也有一万人左右，广州城里没地方住，就散居在老百姓家里。他们来自不同的地方，不同的队伍，没有一点团结御侮的精神，不时因为鸡毛蒜皮的小事打架斗殴，内乱不止。军官们每天都忙着调节争端，有事召集军队还得沿街叫喊，不知道自己的队伍跑到哪里去了。这些客兵缺乏约束，整天无所事事，在街上横冲直撞、强赊硬买、欺侮妇女，搞得民怨沸腾。奕山、杨芳信任这些人，就是站在了广州人民的对立面上，怎么可能接受林则徐依靠人民、整军备战的防务计划呢？

林则徐被皇帝罢免，谪居羊城，他没有自暴自弃，也没有怨天尤人，而是紧密关心着时局的每一点进展，希望能为国家做点什么。琦善屈膝议和，他就和琦善作斗争；奕山作态来战，他就献上抗英计划。虽然一次又一次地受打击，始终不改的是他报效祖国的赤胆忠心。

5月1日，道光帝主战的倾向越来越坚定，决定起用林则徐，赏给他四品卿衔，让他到浙江前线效力。5月3日，林则徐整装离开广州，坊间传言英舰在河中逡巡已久，恐怕要加害林大人。广州知府余保纯问要不要派千八百人护送，林则徐摆了摆手，坐上车，只带了几个骑马的随从，飘然而去。英国人登上舺楼用望远镜看着林则徐的车马渐渐远去，对他的胆略叹服不已。其实，林则徐早已把生死置之度外，他就是要一个效命疆场的机会，而今终于能国家做点什么了，心中大快，还有什么畏惧的。告别了让他担忧、让他压抑的广州，林则徐兴奋地踏上了赴浙之路。

此前的两江总督伊里布是妥协派，遇事畏葸不前，已经被道光帝调回北京，由江苏巡抚裕谦（1793—1841）接任两江总督。蒙古族进士裕谦是林则徐的老朋友，在林则徐任江苏巡抚的时候就合作得很愉快。他是满蒙亲贵大臣里少有的抵抗派，其开明的态度、对妥协派琦善的痛斥、雷厉风行的抵抗行为，在腐朽的满蒙统治集团中熠熠生辉。他和林则徐彼此都很敬重，现在，他们为了国家民族大义，又站到了抗英卫国的同一战线上。

伊里布在任时，在侵略者的威逼之下把人民抓获的英夷俘虏又都乖乖地交了回去。裕谦痛恨伊里布的妥协软弱，再捕获英夷就立斩不赦。英国人对此十分愤恨，扬言来犯。六月上旬，林则徐来到和定海隔海相对的镇海，立即拿出了自己收藏的一部炮书帮助守军铸炮。它是根据耶稣会教士汤若望1640年的口述编写的，详细介绍了西方的铸炮技术。明清之际，火器发展缓慢，别看这部书还是明末的，和当时西方的铸造方法差不了多少，比中国的铸炮技术更是先进得多。对苦于没有参考资料的铸炮人员来说，林则徐赠书真是雪中送炭。

14日，浙江巡抚刘韵珂告诉林则徐，裕谦已经奏明皇帝，让林则徐和浙江提督余步云一起防守镇海，实际上是镇海前线的二把手。林则徐对这个任命十分满意，很感谢老友把他送上了前线，得以杀敌报国，便卖力地工作了起来。他每天乘小船巡视镇海附近的海域，根据地形布置防守，加固炮台，堆砌沙袋、石子抵御敌人大炮的轰击。

嘉兴县丞龚振麟心灵手巧，精通西洋算术，在设计制造新式武器的过程中发挥了很大作用。林则徐和刘韵珂共同设计改造了炮架，使大炮能运转自如，上下四方地打击敌人，龚振麟按照要求很快就铸成并投入使用。他还在林则徐的介绍和指导下，悉心研究西方的火轮船，仿造出了小型的人力轮船，船身两侧有蹼轮，航行速度比划桨摇橹的船快了不少。

正当林则徐热情忘我地工作在镇海前线的时候，远在广东的战事悄悄地改变了他的命运。

第五章　坎坷西行

遣戍伊犁

道光帝调派各省兵力赴粤，还出奇大方地拨给靖逆将军奕山三百万两白银，期待他能"靖逆"平夷，使大清扬眉吐气。奕山既无勇也无谋，不敢轻易开战，在道光帝的一再催促下才草草制订了火攻英船的计划。

1841 年 5 月 21 日夜里，奕山派人出城设伏，约定夜半放火烧船。这很可能是受了《三国演义》的启发，打算重演周瑜火烧赤壁、诸葛亮三路设伏的故事。果然，炮声一响，四处放火，火光冲天，轰轰烈烈地烧了大半夜。奕山听说火攻得手，立即在城里大摆庆功宴。第二天早晨水勇才发现，英军庞大的舰队只损失了几只小舢板，珠江两岸百姓的渔船、运输船却被烧了大半，损失惨重。原来这一场"大胜英夷"竟然是荒唐地火烧了自家百姓！愚蠢的奕山也不想想，小说里曹操的战船都是被铁链连起来的，而且背后是江岸，无路可退；英军的战舰夜里都不敢抛锚，来去如风，后边是茫茫的南海，火船一进英舰就退，哪里能烧得到？

英国人可不管奕山用的是什么历史典故，正好找个借口趁机进兵。内河两岸的防御工事在琦善、奕山自己的破坏和英军的一再攻击下，已经基本丧失防御能力，22日至26日，英军溯江而上，一路炮击火焚，毁坏炮台、民房无数，直逼广州城下。奕山把军队撤进城内，听着打到不远处街巷里的炮声吓得面如土色，最后挂起白旗投降。27日，广州知府余保纯缒城而下，向侵略者求和，接受了屈辱的《广州和约》：一周内缴纳赎城费六百万元，清军撤出广州六十里。三百万两白银的军费，数省官兵的大调动，劳民伤财的战争准备，一周之内都化作了灰土。

英军占领广州之后，分作小股屡次出城骚扰周围的乡村，烧杀抢掠，无恶不作，引起了人民的极大义愤。29日，外出扰民的英军被村民包围在广州城北的三元里，30日，民众又诱敌至牛栏冈，以刀、棍、锄头等为武器，趁阴雨天气英军枪炮难以发挥威力之际痛歼侵略者。31日，英军仓皇退入四方炮台，被数万爱国群众包围，恐慌不已，连忙向两广当局求助。腐败软弱的清政府不仅不支持人民的抗英壮举，反而派余保纯遣散乡民，保护了侵略者。三元里抗英，是中国人民第一次大规模的自发抗击外国侵略者的斗争，其中显示出的巨大力量正是林则徐在任时充分发动乡民水勇的原因。

颟顸的奕山无耻地粉饰惨败的结果，虚骄的道光帝包庇满洲贵族，也装不知道丧权辱国地乞和。从鸦片战争正式爆发以来，

三元里人民抗英烈士纪念碑

道光帝的态度摇摆不定，他掌舵的大清国也就跟着左摇右晃地危险前行，主战派和主和派都无所适从，再加上他用人失当，任用无能的满蒙亲贵，失败是必然的。道光帝不反思自己的责任，严惩贻误军机、领兵无方的琦善、奕山，反而迁怒于曾经坚决抵抗的林则徐、邓廷桢，这两位赤胆忠心的汉族大臣又一次当了替罪羊。

7月13日，道光皇帝的严旨送达镇海军营："前任两广总督林则徐，朕委派他为钦差大臣，去广东办理夷务，后来还让他做了总督，管理全省军务。筹办夷务应该恩威并施，控制驾

驭都要得宜。林则徐办理非常不妥，深深辜负了朕的委任。邓廷桢已经革职了，林则徐现也革去四品卿衔，均从重发配伊犁，效力赎罪。就从他们现在所在的地方起解，给废弛军务的人做个鉴戒！"

且不提林则徐在广东筹划防守耗费了多少心血，就说他在镇海这一个月，修船铸炮，整日巡查，是多么尽职尽责，最后竟落得个"废弛军务"！奕山顽师失地，丧权辱国，道光帝竟说："朕谅你不得已的苦衷！"腐朽的清朝政府、虚骄鄙吝的道光帝不思己过、压制汉臣、包庇满员的弊病已经不可救药到了什么地步！

军营里的高级军官先得知了这个消息，两江总督裕谦本来把林则徐倚为左右手，如今"痛失谋主"，愤愤不平，浙江巡抚刘韵珂也为他扼腕叹息。林则徐又一次像接旨被撤去两广总督职务，听候查办时一样无话可说了，他的一片忠君爱国之心竟然全部付之东流，再也不能抗英杀敌、保家卫国了。他强忍悲愤，默默地开始整理行装，清点书籍，又要上路了。

第二天清晨，林则徐被发配伊犁的噩耗在军营里传开，大家眼看着林则徐为筹备海防是如何的殚精竭虑、尽心尽力，现在信而见疑、忠而被谤，怎不引得群情激奋？上午，和林则徐日夜战斗在一起的普通军官、文职人员、海防官兵还有枪炮铸造局的技工们纷纷到林则徐的军帐里和他话别。他们表达了对朝廷暗昧不公的愤激，对林则徐的敬仰与同情，对他前途安危的担忧与关心，林则徐一再向大家致谢，嘱咐将士们众志成城，力保海疆。下午，林则徐在镇海将士、官员和当地百姓的目送中，登舟离岸，含泪挥手作别。每当林则徐在仕途上受打击的时候，总有许多正直爱国的官民和他站在一起，安慰他、鼓励他，继承他未竟的事业，这不也是很值得欣慰的吗？

8月，江南的暑气渐消，林则徐离开杭州西行。到达京口（今镇江）时，巧遇六年不见的老友魏源，喜出望外。江苏一别后，魏源在家著书立说，同时密切关心着禁烟与抗英等大事。战争打响后，他还参与了定海人民的抗英斗争，后来在林则徐的推荐下进入裕谦的幕府，为国效力。他和另一位好友龚自珍一样为林则徐的遭际感到十分愤慨，今日一见，痛述忧思，畅谈救国大计。林则徐把他在广州搜集的许多外国信息和翻译编纂的《四洲志》手稿郑重其事地交托给魏源，请他进一步搜集资料，完善信息，写作《海国图志》，打开中国人闭塞的视野。他们同是那个时代最具有世界眼光的中国人，开眼看世界，才知道中国与西方列强的差距，才能摆脱蒙昧，奋起直追。启发君心民智，让中国人认识到自己的落后，这是多么攸关国运的重任！现在林则徐心有余而力不足了，他把这个重任托付给了一个最合适的人选——魏源。

告别了肝胆相照的老友，林则徐抱着为祖国戍边的壮志继续前行。9月，来到扬州仪征，江苏巡抚程裔采欣喜地交给他一份道光帝上谕：着免去林则徐遣戍伊犁，先发往东河效力赎罪。

林则徐又得到了报国安民的机会，赶紧谢恩赴任。

襄办河务

中华民族的母亲河——黄河，以她丰润博大的怀抱养育了炎黄子孙，也因经常淤塞泛滥给华夏儿女带来了深重的灾难。1841年的夏天，黄河又一次在河南开封西北十里的祥符决口，淹没了五府二十三州县，冲垮了省城开封的城墙，人民露宿城头，流离失所。河南巡抚牛鉴束手无策，东河河道总督文冲则要放弃开封，移民到洛阳，另立省城。开封知府邹鸣鹤坚决反对弃城，呼号奔走，为民请命，率领广大群众日夜不息地用芦苇、秫秸堵口，才勉强保住了危城。

黄河决口的消息震动了清廷，道光帝一面召回有丰富治河经验的林则徐，一面派大学士王鼎赶赴祥符督办堵口工程。林则徐1816年的时候就结识了王鼎，当时他还是个初入仕途的小京官，外派到江西做乡试副主考官，王鼎正好是江西学政。九月底，林则徐赶到祥符工地，不顾自己因为鞍马劳顿而复发的鼻衄（俗称流鼻血）和脾泄，连夜和王鼎商讨治河方略。他已经咳嗽了一个月，最后说话都喑哑了，还在监督购买堵口用的秫秸，堆积料垛，每天都去工地上查看工程进度，呕心沥血。

河南的天灾已经让朝廷焦头烂额了，不料东南沿海战端又起。早在四月，英国政府就对义律和琦善商定的《善定事宜章程》十分不满，认为义律没有充分利用手里的军队获得足够的

131

权益。四月底，帕麦斯顿写信斥责义律，免去了义律的全权公使职务（前任全权公使懿律已先期回国，义律接任全权公使），换上了靠侵略印度、阿富汗发迹的刽子手亨利·璞鼎查（1789—1856），再次对华用兵，不达目的誓不罢休。

8月，璞鼎查的舰队一到中国就展开了对厦门的攻击。厦门是海防重镇，鸦片战争开始以后还加强了防守，结果仅支持了26日就陷落敌手，清政府大为恐慌。政府退缩了，厦门人民却奋起抗争，杀得英夷寝不安席，只得留下少数兵力退守鼓浪屿，璞鼎查率大军北犯定海。

9月26日开始，英军步步蚕食定海，被守军击退过几次，最终于十月一日登岸。寿春镇总兵王锡鹏（1786—1841）驻守晓峰岭，在与英军的激战中被炸断了一条腿，扑倒在地仍英勇不屈，英军一拥而上，把他乱刀砍死。英军转攻竹山门，处州镇总兵郑国鸿（1777—1841）率军抵抗，在枪林弹雨中中炮牺牲。最后，英军三路合围关山炮台，刚刚丧父还身穿孝服的定海镇总兵葛云飞（1789—1841）率部与英军展开激烈的搏斗，被英军砍瞎右眼，血流满面，犹舞刀追杀敌兵。英军一起开枪，葛云飞身中四十余枪，轰然倒地，左眼圆睁不闭，右手还紧握着军刀。

镇守定海的三位总兵于同一天下午先后以身殉国，血色的夕阳斜照着横尸遍野的定海，大海涌起悲壮的波浪，呜咽似的拍打着礁石。道光帝看着奏报不禁流下热泪，不再吝惜银钱，在三总兵正常的安葬规格之外，每人多发了三千两白银的抚恤金，以慰忠魂。当皇帝的嘉奖令和儿子血浸的遗体一起抬到葛云飞的母亲面前时，刚送走丈夫又痛失爱子的老夫人老泪纵横地说："好啊！这才是我的好儿子！"

10月10日，英军进犯在陆地上的镇海。镇海城外有两将把住制高点，防守金鸡山的谢朝恩中炮落海牺牲，防守招宝山的余步云贪生怕死，临阵脱逃，导致英军尽占地利，居高临下地炮轰镇海城。裕谦在城上督战，眼看着自己的军队渐渐不支，英军攻上东城，部下簇拥他离城撤退。早在开战之前，裕谦就与官兵盟誓，绝不后退。他是大清开国武将的后代，祖先忠勇的鲜血在他心里沸腾，他毅然投水自尽，以身殉职。作为统辖江苏、安徽、江西三省军政的封疆大吏——正二品两江总督，裕谦是鸦片战争中中方以身殉国的最高级别官员。

林则徐在治河工地上听说东南战事失利，忧心如焚；再听说好友裕谦和定海三总兵等同僚壮烈殉国的事迹，不禁悲从心生，敬由心起，哀伤欲绝。

镇海是宁波的门户，镇海已失，总督自尽，宁波守军人心涣散，不战而逃。13日，英军占领宁波。短短半个多月，大清连失三城，朝野震惊。道光帝深感耻辱，决定举国一战。他委任皇侄、吏部尚书奕经为"扬威将军"，赴浙江抗英，户部侍郎文蔚为参赞大臣，河南巡抚牛鉴继任两江总督，先后调集了全国各地的九千军队驰赴浙江前线听用。

林则徐以罪臣之身在工地上劳作，位卑权小，是受累不讨好，他的清正廉洁、认真负责，阻碍了很多贪官污吏借治河大发横财，所以谣言四起，诽谤不息。林则徐不声不响，苦撑局面，在寒冬腊月的凛冽北风中，挣扎着病躯坚守在工地上，督促着工役进行大堤合龙前最后一段艰难的工程。

1842年3月10日凌晨，是奕经择定开战的吉日良辰——壬寅年壬寅月壬寅日壬寅时。根本没有作战经验的皇族统帅、落后于敌人二百年的枪炮器械、临时拼凑缺乏斗志的各省官兵，清政府苦心营谋的反击计划不堪一击，英军只"一鼓作气"，清军便"弃甲曳兵而走"了。听说前线节节败退，林则徐在19日的祥符大堤合龙庆功宴上都满心焦虑，闷闷不乐。

王鼎请林则徐坐在首位，亲自为他斟酒，他知道林则徐想到前线效力，便宽慰他说："我已经向圣上奏明了你这几个月的治河绩效，不看功劳还要看苦劳，按照惯例，圣上总应该——"

"圣旨到！"

一声断喝，王鼎、林则徐等官员纷纷离席，跪地听旨。

"去年降旨将林则徐发配伊犁效力，因为东河需要用人，把他调去治河。现在东河合龙在即，林则徐着仍按前旨，即行起解，发往伊犁效力赎罪。钦此！"

宣读圣旨的使臣下去之后，王鼎扶起林则徐，立即开始和其他同情林则徐的官员一起打抱不平，埋怨皇帝刻薄寡恩，欺人太甚。林则徐却镇定自若，他被一贬于广州，二贬于镇海，三贬于祥符，都没有失态，因为作为一名官吏，皇帝的旨意就是天意，就是命运，争也无益。刚刚在浙江打了败仗，皇帝怎么会对主战派有好气？无论身在哪里，只要不忘忧国，问心无愧就可以了。

有人关心、同情林则徐，也有许多小人随时准备谗言诽谤。他忧谗畏讥，离开祥符工地的时候都不敢接受友人馈赠的礼物。王鼎在河边送了一程又一程，两人依依不舍，泪湿青衫。林则徐无以报答王鼎的深情厚谊，便作诗相赠：

元老忧时鬓已霜，吾衰亦感发苍苍。

余生岂惜投豺虎？群策当思制犬羊！

人事如棋浑不定，君恩每饭总难忘。

公身幸保千钧重，宝剑还期赐上方！

林则徐鬓发已苍，仍不计个人安危，常思制敌之策。他希望王鼎保重身体，来日得志，提三尺剑，为国锄奸，这不也正是他的愿望！

漫漫长途

林则徐离开祥符，踏上了前往新疆伊犁的漫漫长途。在路上，他与李星沅等友人来往书信，还在商筹如何训练水军、如何购置船炮，时刻忧心国家大事。

4 月中旬，他到洛阳小住。此时东南战线的清军已经全线溃退，奕经逃到了杭州。刘韵珂冷静地分析时局之后，不得不承认没有战胜的希望了，上书"十可虑"，提出枪炮落后、兵无战心、奸民内乱等十项致败的原因，建议妥协。道光帝派妥协派的代表人物者英（1790—1858）为钦差大臣，赴杭州议抚。林则徐这时走到了陕西华阴，在知县姜申璠的邀请下同游了壮丽的西岳华山，不禁感慨风雨飘摇，山河破碎。

5 月中旬，林则徐抵达古都西安，一路颠簸，他旧疾复发，不得不住下来养病。夫人郑氏和三子聪彝、四子拱枢也几经辗转来到西安，合家团聚。天气渐渐炎热起来，西安又有许多亲朋故旧一再挽留，林则徐便在西安休养暂住，等待合适的时机再登程。

朝廷已经把林则徐扔在了脑后，林则徐却在想方设法地关注时局的变动，战争的发展。英军攻陷定海、镇海、宁波三城之后，很快拿下慈溪，5 月 18 日，攻占江浙海防重镇乍浦，6 月 8 日，进军长江的入海口——吴淞口，气势汹汹。驻防吴淞的老将江南提督陈化成（1776—1842）从鸦片战争开始起就一直注意加强防务，严阵以待。他听下属汇报了定海三总兵以身殉国的消息后老泪纵横地说："武将保家卫国，战死沙场是我们的荣幸，大家努力吧！"

6 月 16 日，英军出动上百只大小舰船，近万兵力进犯吴淞口，懦弱的两江总督牛鉴被吓破了胆，跑到吴淞请陈化成和英夷议和，延缓开战。陈化成义正辞严地拒绝了他的妥协主张，决心以死报国。他督率官兵开炮轰击英舰，因为事先准备充分，炮火之猛烈前所未见，英军大骇。被击沉了几艘战舰之后，英军镇定下来，依靠先进的大炮开始强攻吴淞口东、西炮台。激烈的炮战持续了几个小时，炮弹纷飞如雨，落在牛鉴的脚边，牛鉴不敢再观战，带着随从夺路而逃。一看总督逃跑了，东炮台的守将也开始溃退，英军趁机登陆，包围了西炮台。陈化成孤立无援，亲自放炮打击英军，被大炮震裂了手，依然鼓励手下官兵死战。他身中七枪，血一直流到小腿，屹立不倒，犹挥动红旗，指挥官兵用枪炮猛击上岸的敌人。他一遍又一遍地大声呼喊着："别怕！开炮！"直至用尽最后一点气力，声音也渐渐微弱，壮烈殉国。其他将士与英军展开短兵肉搏，最后全部牺牲，吴淞口陷落！

7月21日，英军长驱直入，开始进攻东南地区的水陆交通要冲——镇江。清廷中的明眼人立即看出了英军的作战意图，不禁倒吸一口冷气——英军先占领吴淞口，封锁了海运的入口；现在又要拔取镇江，切断运河漕运。清朝庞大的政治中枢系统都在北方，大批北方军队也都等着南方漕粮发饷，英军这一手无异于扼住了大清的咽喉，不怕清政府不投降！但是这时候明白已经太晚了，清政府一直以为长江水浅，英舰不敢驶入长江，所以几乎没有江防，吴淞激战的时候还把镇江的大炮调去支援吴淞。现在雨季到来，长江水位上涨，烟波浩渺，与大海一样可以负载军舰，英舰就趁机溯江而上，兵临镇江城下了！

　　因为镇江是交通要冲，从清初政府就比较重视，特意驻扎了满洲八旗兵。这些八旗兵在这里生息繁衍了近二百年，早已经把镇江当作了自己真正的家，至于关外的老家，反倒只是一个空虚的寄托了。现在，英国侵略者兵临城下，他们要保卫的就不仅是一座普通的城市，而是真正的家园！他们要为了自己挚爱的家园与亲人和英国鬼子拼命！英军一路得胜，骄横无比，现在兵锋正盛，舳舻蔽江，兵力过万，觉得攻占这么一座小城根本不用海军炮击，只要把陆战队放上去就好了，也该给他们一个立功受赏的机会了。英国陆军做梦也没有想到，他们在这里遭到了开战以来最为顽强的抵抗。

　　清朝副都统海龄手下的旗兵在人数和军备都处于明显的劣势，但是鬼子打到了家门口，他们个个都红了眼。有的官兵看英军攻上城来，手边弹药又已用尽，就抱住一个鬼子一起滚下城墙，同归于尽；有的看英军成群结队进入居民区，一个人一杆枪就敢在屋顶上狙击敌人。海龄率领官兵和英军展开了惨烈的巷战，每一段城墙、每一个炮口，每一条街巷，英军都得用鲜血和生命去换。海龄手持大刀砍杀英军，敌兵的污血顺着刀杆流，以至于黏滑粘手，犹大呼杀敌不止。英军用了整整三天才控制住这座小城，海龄眼看回天无力，纵身跃入火海，自焚殉国。镇江一失，不仅清朝的命脉捏在敌手，南京也门户洞开，无险可守了！

陈连升、陈长鹏、关天培、麦廷章、王锡鹏、郑国鸿、葛云飞、裕谦、陈化成、海龄……这一个个彪炳史册的民族英雄，这一个个捐躯报国的热血男儿，这一个个中华民族的好子孙，用他们的血肉之躯，筑起抗英卫国的长城，谱写了一曲曲感人至深、催人奋进的悲壮战歌。鸦片战争中，还有很多爱国将士英勇抵抗，以身殉国，却没有留下名字，但他们和这些将军一样伟大。东海扬波，西山落日，都会铭记着他们的功勋与美德，忠魂千古！

林则徐在皇帝与妥协派的掣肘下未能在前线坚守到最后，但是他在西行的路上一步一顾，始终关注着前线的战事，在与友人的通信中为国家练兵铸炮建言献策，为牺牲的将士痛哭流涕，为日蹙的局势唏嘘拍案。他身虽不在战场，心却未忘忧国，其实一直在和前线的将士们同呼吸、共命运，并肩战斗。

西安炎热的夏季还在继续，进入八月以后，又阴雨连绵，林则徐出发的日期也一拖再拖。11日，天终于放晴，林则徐实在不愿再耽搁了，赶紧整装出发。林则徐的门生方用仪和刘源灏在西安任职，很乐意近便照顾恩师的眷属，林则徐也很放心。他本想让长子汝舟陪同西行，但是因为林汝舟已经是进士，不得擅自离职，陕西当局又不愿代为奏请。林则徐不想再让当地官员为难，便让汝舟留下来陪伴母亲，自己带聪彝、拱枢出关赴戍。临行前，林则徐作诗赠别家人，这就是著名的《赴戍登程口占示家人》：

出门一笑莫心哀，浩荡襟怀到处开。

时事难从无过立，达官非自有生来。

风涛回首空三岛，尘壤从头数九垓。

休信儿童轻薄语，嗤他赵老送灯台。

力微任重久神疲，再竭衰庸定不支。

苟利国家生死以，岂因祸福避趋之？

谪居正是君恩厚，养拙刚于戍卒宜。

戏与山妻谈故事，试吟断送老头皮。

　　林则徐襟怀浩荡，乐观开朗地宽慰家人：人生在世，哪有不遭遇坎坷的？虽然身体状况不太好，但只要能对国家有利，我将不顾生死地求索，怎么会因为个人祸福、一己得失而逃避呢？官场险恶，谪居或许是皇帝对他的一种保护；边疆艰苦，也许更适合于养拙，培养刚毅的精神。春秋时期郑国的贤大夫子产厉行改革，备受诽谤，他无私无畏地说："何害？苟利社稷，死生以之！"林则徐饱读诗书、博涉经史，继承了中国传统治国经验的精华，以古圣先贤自励，心地如同清风朗月。万里黄沙在前，荷戈戍边之老兵来也！

　　林则徐告别妻子、朋友，迤逦西行，渡渭水，抵咸阳，过乾、泾，到兰州，获得了陕甘总督富呢扬阿等官员的热情慰留。他获悉镇江失守，大为震惊，痛心疾首之余，在给友人姚椿的书

140

信里提出了剿夷八字要诀："器良，技熟，胆壮，心齐。"不仅要有先进的武器，熟练的操作技术，还要有高昂的士气和团结御侮的精神。林则徐再一次提出了购置器械、编练水军的主张。可惜，这些明智的主张只能在不公开的书信里暗自呜咽，消逝在苍凉的西风中。腐朽的清朝王朝，已经向侵略者屈膝求和了！

8月29日，钦差大臣耆英和新任两江总督伊里布在英舰"皋华丽"号上与璞鼎查进行了最后的谈判，接受了侵略者开出的无理条件，结束了这场屈辱的战争。道光帝彻夜难眠，在殿中拍案流泪，逡巡叹息良久，最终无奈地批准了签约。这就是中国近代史上第一个不平等条约——《中英南京条约》，规定割让香港岛给英国，赔款两千一百万银元（每块银元约合0.6两白银），开放广州、厦门、福州、宁波、上海五口通商，中国海关关税还须和英国协定。这一条约严重侵害了中国的领土主权、关税自主权，加重了人民的负担。更可怕的是，它开了一个危险的头，以后的岁月里，外国侵略者接踵而至，发动了一次又一次罪孽深重的侵华战争，逼迫清政府签订了一个又一个丧权辱国的不平等条约，中国一步步滑入半殖民地半封建社会的无底深渊。

林则徐当然不能预知未来，他只是感觉到了沉重的压力，灾难的气息。旅途中不安的睡梦里，他似乎又回到了战争前线：

小丑跳梁谁殄灭，中原揽辔望澄清。

关山万里残宵梦，犹听江东战鼓声！

《南京条约》签约场景图

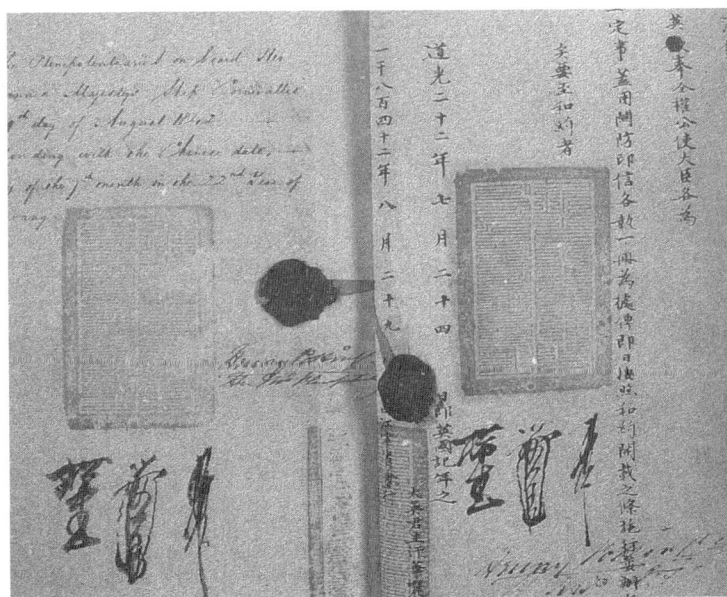

《南京条约》抄件局部

林则徐在兰州北渡黄河，到达凉州，路变成了石子路，戈壁渐渐露出了它的真容。他又经过甘州、肃州，来到万里长城的起点——嘉峪关。出嘉峪关，经玉门，就到了西北的茫茫荒漠。林则徐从安西州进入新疆境内，时而漫天风沙，时而飘飘飞雪，塞外的天气变幻莫测，恰似忧患深重的时局。10 月 26 日，林则徐到达西域名城哈密，仰望着如万笏朝天般雄伟洁白的天山，艰难地行进在北疆泥泞的道路上，于 11 月 15 日抵达乌鲁木齐。稍事休息后，林则徐支撑着疲惫已极的病躯上路，12 月 10 日，他终于到达了祖国的西陲重镇——伊犁，结束了这耗时一年多、行程数万里的悲壮西征。

一路上风刀霜剑，一路上露宿风餐，颠沛流离，疲病交加，林则徐无怨无悔，不以物喜，不以己悲，犹如戈壁上挺立的白杨，高风亮节，自成风景。林则徐在诗中吐露心声：

但祝中原靖，奚辞绝塞艰。

只身万里外，休戚总相关！

这正是他历尽艰辛，坎坷西行，仍心系国事的真实写照。

第六章　效力边疆

未忘忧国

清政府在鸦片战争中战败，妥协求和，主战派备受打压。林则徐因此蒙冤发配伊犁，历尽坎坷，终于到达了目的地——中国新疆对西边邻国的门户——伊犁。

老战友邓廷桢也被发配到同一地方效力，他不像林则徐一样有中途停顿治河等事，从广东起解，直奔伊犁，比林则徐早到了很长时间。新疆有很多官员敬仰林则徐、邓廷桢的爱国精神，或是出于朋友之义、同僚之情，能在一定程度上照顾他们的生活，所以境遇还不算太窘迫。林则徐、邓廷桢两人在西行途中间或有书信联系，互致问候，告知彼此的行程。林则徐到玉门关的时候，收到了邓廷桢的来信，说他已经到达伊犁，并且为林则徐找好了房子，等他前来见面。林则徐悲凉的心中又感受到了融融的暖意，对前途也增加了信心。

1842年12月10日，林则徐即将到达伊犁惠远城，风尘仆仆的车马队伍迤逦行进在莽莽的戈壁上，车夫说前边远远的地方好像有人，走近一看才知道是邓廷桢、庆辰等人来迎接林则徐。林则徐紧紧握住这几位老友饱经沧桑的手，激动的泪水在已经皱褶的眼眶里打转。一别经年，万里远行，有太多话要和老朋友说，却又一时语塞，相对无他言，只能问候平安。邓廷桢、庆辰陪在林则徐的左右，和他并肩前行。

　　进城后，他先去向伊犁将军布彦泰和参赞大臣庆昌报到，两位官员热情地嘘寒问暖。拜望完毕后，庆辰在前边领路，邓廷桢边走边给林则徐介绍这里的生活，一行来到了南鼓楼街宽巷的一所民房，这就是他们事先为林则徐找到的住所。房东固山达久仰林则徐的美名，坚决不收房租，林则徐只好先住下来，预备逢年过节再给主人买些礼物报答。屋子很普通，有北方的标志——火炕，还有一些桌椅板凳等日用品。作为一名谪戍边疆的"罪臣"，林则徐对此已经很满足了。

　　林则徐时刻不忘忧国忧民，最关心的是怎样能获得时事消息，庆辰告诉他说可以向将军借阅邸报，那是大约一两个月以前的"时事"。林则徐觉得这还是太慢了，希望能通过与家人、朋友的通信来了解大事。没过几天，伊犁将军布彦泰和参赞大臣庆昌来拜访林则徐，送来米、面、鸡、鸭等物表示慰问。布彦泰将军人很儒雅，办事干练，庆昌参赞也是个老实人，对于林则徐提出的要获取时事消息的请求，他们爽快地答应了。

林则徐本来就有鼻衄和脾泄的旧疾，一路颠簸，更兼年事已高，边地苦寒，更加重了病情。布彦泰很体谅林则徐，让他掌管粮饷处，管理粮饷收支、造册呈报等事，比较清闲。林则徐很是感激，并且一直为自己重病缠身，不能更好地为国效力而深感愧疚。

　　工作之余，林则徐如饥似渴地从邸报和信件中搜寻着国事的动态，一点一滴都记录下来，并发表自己的看法，写下他的担忧与愤慨。他听说奕山、奕经、文蔚、牛鉴、余步云等人都陆陆续续被革职拿办，不由得感慨此一时彼一时。他听说王鼎拉着道光帝的衣服死谏："皇上不杀琦善，无以对天下；老臣知而不言，无以对先帝！"最终自缢明志，更是为这位忠心耿耿的老友痛心不已。他听说在妥协派头子穆彰阿、直隶总督讷尔经额的运作下，琦善又复出为官，义愤填膺，悲由心生。这些笔记后来集成了《软尘私札》，里面的字字句句都是这位老臣的拳拳爱国之心。

　　英国军舰直抵天津的噩梦还没有在道光帝的头脑中消散，他准备加强天津防务。有人指出伊犁镇总兵和伊犁将军都驻扎在伊犁，似乎没必要，所以道光帝考虑裁撤伊犁镇总兵及手下将士，调他们去天津，下旨让相关官员讨论。布彦泰早已对林则徐的忠心和才干心悦诚服，便请林则徐和邓廷桢会商此事。林则徐认为伊犁为西北门户，外有沙皇俄国虎视眈眈，地位极其重要。天津不可不防，但不能调走伊犁的守军。邓廷桢也赞同他的说法。布彦泰深以为然，上书反对裁撤，终于保住了伊犁镇总兵，巩固了西部边防。

林则徐在伊犁见到了邓廷桢等许多老朋友，又结识了领队开明阿等不少新朋友。闲暇时候，他们雅集作诗、饮酒、下棋，一起度过壬寅年的除夕夜，是艰苦的边塞生活中难得的欢乐。元宵节，伊犁和内地一样张灯结彩，热闹非常，他们也观灯对饮，欢度佳节。1843年4月17日，号称"山北沃野"的伊犁正当她美丽的春天，高山冰消雪融，伊犁河淙淙地流淌，岸边野花飘香。林则徐和邓廷桢应邀一起到不远处的绥定城赏花，心花怒放，填一阕《金缕曲》与邓廷桢相和：

绝塞春犹媚，看芳郊，清漪漾碧，新芜铺翠。一骑穿尘鞭影瘦，夹道绿杨烟腻。听陌上黄鹂声碎，杏雨梨云纷满树，更频婆，新染朝霞醉。联袂去，漫游戏。

伊犁春光明媚，祖国河山壮美，怎么不让人深爱？身处荒凉的边地，能与好友共赏似锦春花，也未尝不是快慰之游。这或许是林则徐在边塞依旧忧心国家大事之余，最值得纪念的赏心乐事了吧。

垦荒修渠

1843年1月，林则徐的好友魏源不负所托，完成了《海国图志》五十卷，系统地介绍了外国的历史、地理、物产、宗教、立法制度、文化教育和科学技术等，为打开国人的视野提供了上佳读本。他还在书中明确提出了"师夷长技以制夷"的主张，明显继承并发展了林则徐向夷人学习而后抵御外侮的思想，林则徐可谓托付得人。第二年春天，魏源入京朝考中第，林则徐在遥远的新疆得知这一消息非常高兴，为朝廷喜得人才，也为好友终于有了用武之地。

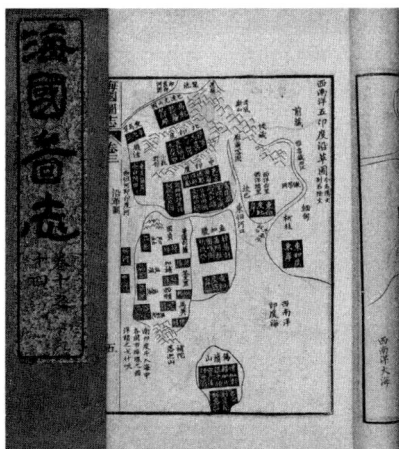

《海国图志》书影

1843年6月26日，耆英与璞鼎查在香港互换《中英南京条约》，条约正式生效，五口相继开埠，欧风美雨逐渐吹打古老的中国。7月22日，又签署了《五口通商章程》，中英之间的谈判基本完毕。战争结束了，主战派与主和派的矛盾不再是朝堂上斗争的焦点了，道光帝决定释放一批被发配伊犁的官员，缓和战争带来的紧张气氛，重新回到"君臣和睦，天下太平"的时代。

8月2日是旧历七夕，邓廷桢和林则徐、文冲、豫堃等老友相聚吟诗联句，他还不知道他是第一批获释入关的人之一。九月十日，邓廷桢整装待发，林则徐既为老友由衷欣慰，又为自身深感悲凉，作诗赠别：

得脱穹庐似脱围，一鞭先著喜公归。
白头到此同休戚，青史凭谁定是非？
漫道识途仍骥伏，都从遵渚羡鸿飞。
天山古雪成秋水，替浣劳臣短后衣。

回首沧溟共泪痕，雷霆雨露总君恩。
魂招精卫曾忘死，病起维摩此告存。
歧路又岐空有感，客中送客转无言。
玉堂应是回翔地，不仅生还入玉门。

邓廷桢走后，林则徐在布彦泰等人的邀请下搬到邓廷桢原来的寓所，这样离将军、参赞更近，来往更方便。林则徐能感受到这些朋友对自己的关心，但每次送老友入关都会暗自慨叹自己的身世，不知道什么时候才能获释还乡，"心非木石岂无感？吞声踯躅不敢言"！

伊犁惠远城东边有一块地叫作阿齐乌苏，八旗士兵曾经在这里开垦屯田，后来水源渐渐干涸，土地也就荒芜了。在垦荒的热潮中，布彦泰决定重新开垦阿齐乌苏废地，借助水渠解决灌溉问题。林则徐不想整日清闲无事，就主动上呈布彦泰，认修龙口这一段的水渠，报效国家。当时很多贬谪在伊犁的罪臣主动承包垦荒的工程都是想赎罪，早日还乡，林则徐为了避嫌，特意在呈文中说明："将来竣工以后，绝对不会藉此邀功乞求放归。"

1844年6月，林则徐承办的龙口水渠工程正式动工。龙口地处河岸，一边是砂砾遍布的河滩，一边是低洼的河床，林则徐领导民夫一边挖石，一边筑堤，历经四个月的艰辛，终于修成了一条六里多长，宽数丈，深数尺的石质水渠，把河水引导到阿齐乌苏，灌溉了将近二十万亩良田，利国利民长达一百二十三年之久，直到新中国成立才另修了新渠。

新疆地区气候干旱，蒸发严重，水资源非常宝贵。林则徐在新疆垦荒修渠的过程中，汲取当地人民群众的智慧，改进并推广了"坎儿井①"。每隔一丈多就挖一口井，下面开凿一条联通井洞的横渠，让水在地下流过，既可以减少蒸发，又可以滋润旁边的田地，一举两得，还方便取水。所到之地，只要发现

---

① 坎儿井：是荒漠地区一特殊灌溉系统，与长城、京杭大运河并称为中国古代三大工程。

居民不知道用坎儿井，林则徐就教他们开凿这样的井。百姓感念林则徐的恩德，普遍地把坎儿井称作"林公井"。

水利资源不仅可以用于灌溉，还可以用于交通运输。他在勘察南疆的时候，在树窝子这个地方发现了汩汩流淌的河流，非常欣喜，说要是可以坐船去巴尔楚克就好了，但很快发现，这里连一艘小小的竹排都没有。林则徐感慨地说："南疆人民一般都是骑马、坐车，不知道利用水路运输，真是太可惜了。要是能乘船航行，一定能像李白一样，'千里江陵一日还'啊！"

身处边疆，不忘忧国利民，林公的美名将像坎儿井下滚滚流淌的溪流一样，永远在新疆各族人民中间传扬。

勘地屯田

清朝初年，厄鲁特蒙古准噶尔部在伊犁地区游牧，这个部落的上层贵族野心勃勃，经常勾结沙俄图谋不轨。康熙、雍正、乾隆皇帝相继派人平定了噶尔丹、策妄阿拉布坦、噶尔丹策零、达瓦齐等人发动的叛乱，结束了伊犁纷争混战的局面，于1762年设"伊犁将军"，统辖全疆军政事务。因为屡次兵戎相见，清朝统治者对于西北的少数民族一向没有好感，时刻压制提防他们。

清政府在伊犁驻军，同时又不时发配一些人去开发和守卫这座边疆重镇，这些罪臣又会带来自己的家人或随从，人马越聚越多。要养活这么多人马，每年需要不小的开销。清政府从很早就在这里屯田种粮，自给自足，加强了边疆的经济力量，使得军队得以长期驻扎，巩固边防。但是初期的屯田都是依靠官兵和罪犯的"军屯"和"犯屯"，屯田越来越多，需要更多的人手。清政府忌惮当地回民，不敢放手发展"回屯"，而是捐资从内地招募汉族流民到新疆去屯田，这不仅舍近求远，耗费颇多，还滋生了新的社会不稳定因素，屯田的成果也不尽如人意。

接到一封封请求"回屯"的奏折，道光帝的心里也开始活动。1844 年底，他下旨给布彦泰，让林则徐勘察新疆新开垦的田地，准备分给百姓屯种，同时考察回汉能否相安无事？发展"回屯"，久后会不会产生流弊？调查清楚再明白上奏。1845 年 1 月 10 日，布彦泰向林则徐转达了旨意，林则徐渴望为国奉献，对于朝廷赐予的效力机会十分珍惜。他知道这是个颠簸辛苦的差事，依然不顾自己六十高龄而且多病缠身的境况，欣然受命。布彦泰问他："您想去勘察远的地方呢？还是近的地方？"林则徐斩钉截铁地回答："林某愿远！"

1 月 24 日，林则徐和三子聪彝从伊犁启程，准备先经乌鲁木齐，再折往南疆勘地。途中，他胃病发作，在严寒与病痛中度过了惨淡的春节。2 月 9 日，旧历正月初三，林则徐包裹着厚厚的棉被，抱病登车，于 12 日抵达乌鲁木齐，在这里与友人观灯，过了一个新奇的元宵。林则徐离开乌鲁木齐后，途经达坂、吐鲁番、托克逊、布拉布台、乌沙克塔尔台等地，三月十二日到达喀喇沙尔，会见了此行勘地的副手——喀喇沙尔办事大臣全庆。由于全庆要交接喀喇沙尔的政务，所以林则徐先行去往勘地的第一站——库车。

3月16日，全庆才来到库车，与林则徐一起勘测了六万多亩土地。接下来他们相继分头勘察了乌什、阿克苏、巴尔楚克等地，聪彝骑着马带领回族官吏拉着绳子逐步丈量田地，每十丈立一个标记，总是黎明就开始，还常常忙到天黑。4月26日，他们抵达叶尔羌，受到了叶尔羌办事大臣奕经的接待。五月八日，又与和阗办事大臣奕山共同勘察地亩。昔日的"扬威"、"靖逆"两将军也被发配到新疆戍守来了。沿途勘测了许多小军台的土地，于5月29日到达西部重镇喀什噶尔，这里的领队大臣是林则徐在伊犁结交的新朋友开明阿，这个热情的东北汉子坚持要让林则徐多住几天。丈量完了这里新开垦的土地，林则徐一行折回，一路上又勘测了几处续垦地亩，最后于6月13日回到喀喇沙尔，代全庆起草汇报南疆土地状况的奏折。至此，林则徐辗转万里，终于勘察完了南疆所有应勘的土地，总计五十七万八千余亩。

在勘地过程中，林则徐饱览了南疆的壮丽与秀美：壮丽的是巍峨耸立的崇山峻岭，茫茫无垠的瀚海沙漠；秀美的是树木葱葱的肥沃绿洲与多姿多彩的少数民族风情。他特别写了一些节奏欢快的《回疆竹枝词》来记述这别具特色的风土民情：

城角高台乐广张，律谐夷则少宫商。

苇笳八孔胡琴四，节拍都随击鼓铛。

豚彘由来不入筵，割牲须见血毛鲜。
稻粱蔬果成抓饭，和入羊脂味总膻。

桑葚才肥杏又黄，甜瓜沙枣亦餱粮。
村村绝少炊烟起，冷饼盈怀唤作馕。

亦有高楼百尺夸，四周多被白杨遮。
圆形爱学穹庐样，石粉团成满壁花。

这里的衣食住行都吸引着林则徐的目光，南疆百姓生活的疾苦当然瞒不过他的慧眼。他察觉到这里的王公贵族聚敛走了大量财富，人民普遍很穷困。愚昧落后的回族下层人民不仅受到高利贷等的盘剥，还经常被驻扎在这里的军兵肆意欺侮，以致衣衫褴褛、食不果腹，其状甚惨。林则徐在日记和书信里如实记下这一幕幕，表达了他对贫苦人民的同情。

林则徐还阅读了大量有关边疆史地的书籍，了解了边防情况，勘正了一些资料记载的错误。通过实地考察，他建议不分兵农，也不分回汉，就近就便发展屯田，这样既可以提高少数民族人民建设边疆的积极性，又可以切实加强边防，抵御外来侵略，巩固边疆。布彦泰采纳了林则徐的建议，上书奏请，最终获得批准，在新疆广泛地开展了"民屯"和"回屯"。林则徐自称"荷戈西戍之老兵"，他的爱国之心与戍边之志在辛苦的勘地之行中得到了最好的体现。

伊犁林则徐纪念馆，1992年成立，以林则徐生平及谪戍伊犁事迹为主题，陈列事物千余件

布彦泰在上书中大力称赞林则徐的业绩与精神，希望能打动皇帝，释放他入关。林则徐也燃起了希望，来到新疆东部的哈密候旨。结果旨意没有释放他，而是让他回去继续工作，林则徐又回到了托克逊，勘测伊拉里克水渠。他还折回到哈密，向兼并农民土地做牧场的王公施压，让他们交出土地。在林则徐和全庆去丈量清楚之后，王公把地还给原主耕种。

在林则徐荷戈绝塞，效力边疆的时候，远在广东的耆英又和西方侵略者签订了《中美望厦条约》和《中法黄埔条约》，进一步出卖了中国的主权。清廷和列强的关系渐渐"和谐"起来，道光帝就决定释放已经戍边三年的林则徐，让他回来继续为千疮百孔、江河日下的大清王朝效力。

155

12 月 4 日，须发苍苍的老臣林则徐在哈密接旨，满怀对道光帝"再造之恩"的感激，决心为了皇帝，为了国家鞠躬尽瘁，死而后已，奉献余生。

第七章　白首尽瘁

肃清陕甘

1845 年 12 月 20 日，获释入关的林则徐在东归的路上停驻在甘肃玉门，接到了皇帝的旨意，以三品顶戴先行署理陕甘总督。林则徐此前已经患了严重的疝气，病发的时候起坐甚至都有困难，他本以为获释以后可以进京疗治，没想到刚刚入关就停滞在陕甘，只好以国为重，接受重任。1846 年 1 月 7 日，林则徐在凉州接任陕甘总督。夫人郑氏在西安病重，林则徐只能让聪彝先去探望母亲，自己则投入到繁杂的处理藏族动乱的事务之中。

在甘肃、青海一带，世代生存着许多藏民，清廷设西宁办事大臣及相关属员与藏族农奴主合作，分级管理藏民事务，还扶持喇嘛寺的喇嘛进行统治。寺院占据着大量田地，每年向佃户收租，那些大喇嘛其实是披着袈裟的大地主。藏族农奴与下层牧民受着从官员到喇嘛的层层剥削压迫，生活极其贫苦。鸦片战争所造成的沉重负担更激化了社会矛盾与民族矛盾，近几年来频发藏民反抗官员、地主统治，盗马杀人的事件。喇嘛寺的领主和士兵一方面与清廷联手压迫下层民众，一方面趁火打劫，也参与到盗马和藏凶的行列中来。1845 年 11 月，西宁府循化厅卡外黑错寺的领主带人外出抢掠牲畜，杀死了土司千户杨国成，林则徐要处理的就是这一事件。

1846 年 3 月，林则徐驻扎西宁，派扎勒罕布率军进剿黑错寺，结果他拥兵不前，林则徐十分愤慨。4 月 6 日，布彦泰接任陕甘总督。15 日，陕西巡抚邓廷桢病逝于西安，林则徐在丧友之痛中接任陕西巡抚，但仍在前线督办"番务"。他们又派站柱去征讨黑错寺，站柱打了两仗就和喇嘛们议和了，用几个无辜的农奴代替杀人夺马的元凶被处死，草草了事。

布彦泰、林则徐为了彻底剿灭这场动乱，谋求"长治久安"，令西宁办事大臣达洪阿亲自前往督剿。7 月上旬，达洪阿进军黑错寺，火烧寺庙，杀死喇嘛无数，还沿途攻击藏民村落，围住后山搜剿，炮轰了许多藏民窝棚，杀害了大批无辜的藏族群众。平定动乱是维护了藏民的利益，屠杀却直接损害了藏民的生命。清军的暴行虽然是由达洪阿直接施行的，但作为后方统帅的布彦泰和林则徐也不能逃脱责任。这实在不算什么光彩的"胜利"。

8 月 30 日，林则徐在西安正式接任陕西巡抚。他在新疆的时候就听时任陕西巡抚的友人李星沅说过这里"刀客"肆虐。

"刀客"本是当地一些破产的农民和手工业者，走投无路之下，才挥刀反抗。他们时而三五成群地截杀官吏，抢夺财物，时而和农民起义军合成一股，共同抗清。这年春夏之际，陕西大旱，大片农田歉收，农民无以为生，纷纷揭竿而起，"刀客"势力大振，官府派去镇压的官兵也经常被杀败。林则徐采取"悯贫保富，除暴安良"的政策，一边赈济灾民，保护耕牛，一边镇压起义，抓捕、惩治要犯，安抚百姓。

等林则徐竭尽全力把这次"刀客"之乱按压下去，他的咳嗽、脾泄、疝气多症并发，真心觉得衰病难支了。他检点自己的财产，决定提前为孩子们分家。宦海沉浮三十余年，林则徐清正廉洁，为官检点，也无暇在家乡置办房地，只有几处老房子而已。他的家产价值三万两白银左右，差不多就是他这些年为官的俸禄减去开支所得的结余。"三年清知府"，尚且"十万雪花银"，林则徐历任总督、巡抚等高官，掌管河务、漕运，都是贪官们梦寐以求的肥职，老来却只剩三万两白银的家产，这在贪污腐败成风的封建官吏队伍中就像出淤泥而不染的莲花一样弥足珍贵。

关于家产无多，林则徐自己有一副对联，清楚明白地表达了他对遗留给子孙钱财的态度：

子孙若如我，留钱做什么？贤而多财，则损其志。

子孙不如我，留钱做什么？愚而多财，则增其过。

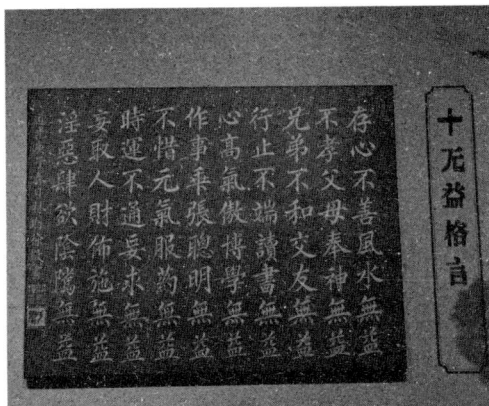

福州林则徐纪念馆的林则徐家训

林则徐还写了"十无益"来教育子孙：

一、存心不善，风水无益

二、父母不孝，奉神无益

三、兄弟不和，交友无益

四、行止不端，读书无益

五、作事乖张，聪明无益

六、心高气傲，博学无益

七、时运不济，妄求无益

八、妄取人财，布施无益

九、不惜元气，医药无益

十、淫恶肆欲，阴骘无益

这十条都是强调心术要正，不要追求表面的东西，而要约束自己的身心。这些格言警句是林则徐留给包括林家后人在内的全体中国人的光辉遗产，的确远胜金银珠玉、良田美宅。

衰疲老病的林则徐一再向道光帝请求休息疗治，道光帝都不允许，反而又把他派往了遥远的"彩云之南"，出任云贵总督。

剿抚云贵

1847年5月25日，林则徐带领眷属从西安启程南下，跋山涉水、舟车劳顿，翻越祖国西南的险峻山川，备尝艰难险阻，终于在7月31日抵达昆明，接任云贵总督。二十八年前，林则徐出任云南乡试考官，那时的春城是柳暗花明、英才济济；现在，他又一次来到昆明，美丽的云南已经是暴乱频仍、官困民穷，林则徐沧桑的脸上皱纹更深了。

云南自古就是多民族杂居的地方，由于清政府实行的民族歧视和压迫政策，汉族与少数民族之间的矛盾越来越激烈。特别是回族，这些年屡次聚众反抗，与云南官府与汉族地主反复斗争，仇恨日深。1845年，永昌府保山县汉回发生矛盾，回民抗击汉族地主的压迫，汉族地主沈聚成等人击杀回民，引起了更激烈的反抗。10月2日，汉族地主香练在当地官府的唆使下大肆屠杀保山县回民，扫平了几十个回族村庄，城内的回民大多全家被杀。这一天怒人怨的暴行迅速引发了1846年春天的回民大起义。广大回民衔恨而起，杀官报仇，攻城略地。林则徐到任后先安顿好保山屠杀劫余的回民，之后惩办作恶的汉族地主。他不分汉回，只看良莠，笼络服从政府统治的汉回上层头目，平灭反抗势力，安抚受害百姓，继续"悯贫保富，除暴安良"的老政策，暴乱终于渐渐平息下来。

林则徐的夫人郑氏是一位典型的贤妻良母，林则徐出外宦游多年，郑夫人一直相夫教子，尽力陪伴支持，使他没有后顾之忧。她与林则徐共育有四子四女，其中三子三女长成：长子汝舟，已经高中进士，现在北京；次子秋柏，早殇；三子聪彝，四子拱枢，现在福建；长女尘谭，嫁给了刘齐衔；次女金鸾，早夭；三女普晴，嫁给了沈葆桢（他是林则徐六妹的儿子，与普晴是姑舅亲，亲上加亲）；四女，现在林则徐身边。

自林则徐被发配伊犁以来，郑夫人追随其后，从东南辗转西北，积劳成疾，又一路颠簸来到西南，得不到良医调治，病势渐沉。11 月 22 日，郑夫人静静地去世了，留给林则徐的是无尽的哀痛与孤独。陪伴在林则徐膝下的只有一个小女儿，此情此景，怎不叫林则徐备感悲凉！他含泪为夫人写下了一副朴素真挚的挽联：

同甘苦四十四年，何期万里偕来，不待归耕先撒手
共生成三子三女，偏值诸儿在远，单看弱息倍伤神

汝舟、聪彝和拱枢在第二年春天才千里迢迢赶到昆明奔丧，在母亲灵前泣血痛哭。

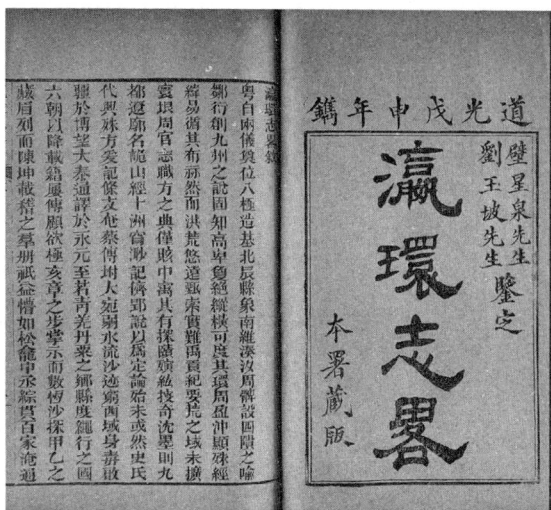

《瀛寰志略》书影

林则徐刚刚失去夫人不久，就又接到了反报，1848 年 2 月，沙金陇领导回民在赵州弥渡起义。林则徐只得又派兵去镇压。林则徐用时半年辗转督剿，云贵局势得到控制，渐渐安定下来。道光帝因此嘉奖林则徐的劳绩，加封"太子太保"，赏戴花翎。

林则徐在剿抚云贵的过程中，有惩办作恶地主，除暴安良的政绩，也有镇压回民起义，屠杀回民的罪过，这一方面反映了他作为地主阶级的代表，要维护封建统治的"忠诚"，一方面也说明即使是林则徐这样有良心的"林青天"，其传统理政良方在日趋复杂的国际形势和国内矛盾面前也逐渐失灵了。这不仅是他个人的局限，而且是整个封建制度的局限，不改变阶级压迫、民族压迫、民族歧视的政策，恶霸地主对人民的欺压就不会停手，人民的反抗与起义也是压服不住的。林则徐苦心维持云贵地区的稳定，也自知这不是长治久安之法。果然，不出十年，广西的太平天国起义爆发，随之而来的又有云南回民、彝民大起义。

然而，六十多岁的林则徐已经是风烛残年，他没有、也不会明白社会动乱、国家危难的根本原因，依旧在为他忠爱一生的大清国尽力筹谋。他在云南鼓励商民集资发展采矿业，开采白银和铜来缓和国家的财政危机和"银贵钱贱"的金融困境。但是他采取的是封建等级制下的管理方式，而没有向资本主义工厂制度发展，云南采矿业最终的结局也可想而知了。与林则徐同一阵营的开明士大夫都在为改善国家的境况尽自己的力量：魏源编撰旨在"师夷长技以制夷"的《海国图志》，姚莹（1785—1852）撰写介绍西藏、西域、西方各地各国宗教民俗等事的《康輶纪行》，徐继畬（1795—1858）编写世界地理著作《瀛环志略》……林则徐或和他们通信，或了解他们的作品，他们都在为日薄西山的大清国谋出路。

林则徐很需要人才，贵州知府胡林翼向他推荐了大器晚成的左宗棠（1812—1885）。左宗棠饱读诗书，才高于世，深受陶澍赞赏喜爱，无奈会试总不中第。他现居湖南湘阴老家，因故未能进入林则徐的幕府。

林则徐的身体状况越来越差，经常头晕目眩，萎靡不振。1849 年 8 月，病情加重，他上书请求还乡。9 月 10 日，道光帝终于恩准。10 月 12 日，为封建王朝效力了一生的林则徐在衰老病弱中结束了最后一次担任封疆大吏的使命，正式卸职。

第八章　文忠千古

大江东去

告别了紧紧握手的朋友，告别了拦车泣送的百姓，告别了成群结队的同僚，辞职还乡的老人林则徐扶着郑夫人的灵柩，在长子汝舟的陪伴下离开了昆明。车马行走在崎岖颠簸的滇黔山路上，林则徐的思绪就像不远处的山峦丘壑一样起起伏伏：近四十年的宦海沉浮，他位极人臣，清正爱民，忠犯人主，勇夺三军，功德无量，天下名闻……应该心满意足了，为什么还总是有拂不去的忧虑萦绕心间呢？

是因为刚刚离开的云贵还有太多未了之事吗？处理不完的纠纷，举步维艰的矿业——他不放心。

是因为风雨飘摇的大清国像他自己一样百病丛生，不可挽回地滑向衰颓了吗？四夷交侵，天灾连连，人祸不断，主上犹疑，佞臣弄权，贤良埋没，人心不古，鸦片泛滥，军备废弛，有海无防，边疆不稳——他好担心。

是因为几年前那场灾难性的战争给国家带来的巨大创伤吗？金瓯残缺、巨额赔款、协定关税还有开埠通商——他太伤心。自己的家乡福州也被迫开埠了，听说英国人强行进驻福州，在街上横冲直撞，欺负中国百姓，地方官吏也奈何不得？唉，魂牵梦绕的故乡啊……

1849 年年底，林则徐一行穿过滇黔山区，进入长江中下游平原，一叶扁舟荡漾在湘江上。1850 年 1 月 3 日，船停泊在岳麓山下，离湘阴东乡柳庄不远。林则徐知道那里住着一个久闻其名、未得见面的大名士——左宗棠，赶紧派人请他来船谈天。三十七岁的布衣名士与六十五岁的退休重臣久仰对方，一见如故，置酒船上，纵论古今，极尽畅快，"风声雨声读书声声声入耳，家事国事天下事事事关心"。林则徐在谈话中仿佛年轻了好几岁，酒入豪肠，脸色也显得红润起来，看不出病态。怀才不遇的左宗棠慷慨陈词，一吐胸臆，同时倾心聆听前辈尚带着风沙粗砺感的西部边防高见。时人都以英夷为患，林则徐经过三年的戍边生涯深刻地认识到，久后为中国大患的应该是俄罗斯。果然，以后数十年间，沙俄不仅通过条约抢走了中国大片的领土，还出兵侵占了伊犁。这些经验之谈在后来左宗棠经略西北、收复新疆的过程中，产生了重要的影响。

湘江夜话，是一次发生于两代国家栋梁之间的交接，一次深度讨论国计民生的对话，一次中国传统文人士大夫的识才佳话。大江东去浪淘尽，千古风流人物。林则徐这一代人随着滔滔江水渐渐消逝，新一代风云人物正蓄势待发。

1月下旬，林则徐来到南昌，暂寓百花洲。这里的亭台楼榭临水而建，水面波光粼粼，风光秀丽。林则徐任江西乡试副主考官时就曾和江西学政王鼎等友人在这里游玩垂钓，留下了美好的回忆。林则徐在风景如画的百花洲养病时，还关注着漕运和收成，和友人商讨着把四川的米运到两江、两湖地区赈济灾民。诗圣杜甫有诗云："穷年忧黎元，叹息肠内热。"林则徐则堪称是"到死不忘忧黎元"了，忧国忧民，这是一个中国士大夫的良心。

4月14日，林则徐终于回到了阔别二十年之久的福州老家，这里已经今非昔比，昔日男耕女织的田园牧歌生活一去不复返。英国人看准了福州背后的武夷山山区，那里是中国最大的红茶产区，他们从中国购进茶叶，同时把大量的布匹输入中国，冲击了中国的手工纺织业，造成大量靠纺织为生的手工业者失业破产。当然，随着洋布一起滚滚涌入福州的还有中国人的噩梦——鸦片。当时一半以上的福州人民都染上了大烟瘾，当地民歌痛陈鸦片之害：

漏卮今昔纵不问，金钱坐视全消磨。

奚必咸阳三月火，一灯尽毂焚山河！

英国人进入福州通商遭到了中国人民的坚决抵抗，但清政府已经签订条约，开放福州为通商口岸，手无寸铁的人民能有什么办法呢？这些强盗一般的夷人骄横无比，恃强凌弱，肆意妄为。在中外争端中，官府无力保护自己的人民，反倒打着"购置船炮，抵御外侮"的名义向士民强行索要各种捐税，加剧了人民的贫困。福州已经找不到一块可以让林则徐安度晚年的清静乐土了。

北京的医疗条件比地方上好得多，林则徐本想进京居住，因为买不起北京的房子而放弃。林家在福州文藻山的老宅是一个三进的木构院落，已经被大水泡坏了前两进，林则徐也无力购置新房，将就住在最后一进的二层小楼"七十二峰楼"里。二楼是林则徐的书房，存放着他几十年来积累的千万卷藏书。因为"文藻"在福州方言中与"云左"音似，林则徐给了书房一个诗意的名字——"云左山房"，在窗边似乎能闻见云雾的湿气。在这里，老人把《使滇小草》等诗稿辑成《云左山房诗钞》。翻阅着一篇篇诗作，林则徐回忆波澜壮阔的一生，重新体味其中的诗意与失意，怅惘与畅往。

林则徐以为他能在这里安心地度过余生了，但那只是"以为"而已。在外国侵略者肆意欺凌整个中华民族的时代，在社会矛盾重重、危机四伏的时代，没有一个人能偏安。

溘然长逝

林则徐在家养病期间，福州发生了声势浩大的抵制英夷入城运动，一生爱国保民的林则徐在暮年又一次参与到了抗英斗争中。

《中英南京条约》规定开放五口通商，但是按惯例夷人只能在城外定居，这年6月，英夷向乌石山神光寺的僧人赁房居住，已经走进城内，福州侯官县令竟然默许。这些鬼子住在城外还不时来滋事，要是定居城内，中国人不是要天天受欺负吗？福州人民群情激奋，林则徐也不再韬光养晦、深居简出，联合士绅上书官府质问此事，普通百姓、书院学童也参与到反英入城运动中来，发告示、贴标语，抗议官府的妥协行为。福建巡抚徐继畬害怕与英夷发生冲突，压制人民的爱国运动，对陆陆续续搬进城的英夷不加制止。老百姓眼看着十几个英国人抬着一个个沉重的大长木箱进城，惊恐地呼喊说里边是大炮！官兵们袖手旁观，都不敢拦下来查验。

林则徐听说了这个消息，认为这事关省会安危，不得不于七月下旬再次和士绅联名上书，请求加强战备，招募乡勇，保卫桑梓。闽浙总督刘韵珂自从鸦片战争战败以后，就倾向于对外妥协，他说英夷没有挑衅，我们反而加强战备，不是自找麻烦吗？福州当局的反应让林则徐深感失望，他一边与士绅捐资募勇，一边联络在朝的福建官员声援抗英运动。弹劾刘韵珂、徐继畲的奏折纷纷递到了皇帝的案上。刘韵珂、徐继畲也赶紧上奏折弥合官民矛盾，遮掩英夷异图，诋毁林则徐的爱国行为是"沽名钓誉"。

在林则徐辞官回乡的半年时间里，清廷高层发生了一件大事。1850年2月25日，道光皇帝心力交瘁，病逝于圆明园慎德堂，道光朝黯然落幕，江山易主。皇四子奕詝（1831—1861）即位，是为咸丰皇帝。年轻的咸丰帝接手的是一个内忧外患的烂摊子，他立志要宵衣旰食，励精图治，做"中兴令主"，重振大清国威。在他的强硬态度与人民的伟大力量合力威慑下，英国人一年后搬出了福州城，此事才算告一段落。

福州抵制英夷入城的争端只是咸丰帝众多纷扰中微不足道的一个。除了列强在四周虎视眈眈，中国大地也犹如喷发前的火山，在酝酿着一场惊天动地的风暴。全国各地狼烟四起，农民起义此起彼伏，"天高皇帝远"的广西是其中最突出的一个。"拜上帝会"的洪秀全、冯云山等人宣传的反清思想已经渐渐深入人心，只不过此时还在地下进行，未被发现。破产的农民纷纷揭竿而起，参加"天地会"，在陈亚贵等人的领导下攻城略地，星星之火已露燎原之势。

咸丰帝寝食难安，坐卧不宁，一方面派人"剿匪"，一方面下诏"求贤"。大学士潘世恩、礼部尚书孙瑞珍、工部尚书杜受田（咸丰帝帝师，1788—1852）先后保举道光朝的砥柱大臣林则徐，穆彰阿则在皇帝面前力陈林则徐病体沉重，难担大任，阻挠起用林则徐。8月、9月，天地会起义军接连在广西攻占城池，杀戮官吏，一封封十万火急的军情快报如雪片一般六百里加急送往北京。清廷君臣震惊恐慌之余，又想起了保国安民的能手林则徐。10月17日，咸丰帝下旨："任林则徐为钦差大臣，从福州驰赴广西，荡平'群丑'，以靖边疆。"11月1日，圣旨到达福州，林则徐抱病接旨，这个病势沉沉的老人觉得国家又一次需要他，于是义无反顾地踏上了维护封建王朝统治的最后征程。

11月5日，林则徐从福州启程，昼夜兼程，驰赴广西前线。12日，抵达漳州，林则徐疝气复发，痛苦得昏天黑地。他似乎看到了逝去的父母和朋友，觉得自己也在向那个黑暗的深渊下沉；一转身，又想起了自己出西安赴戍登程时的名句——"苟利国家生死以，岂因祸福避趋之？"他幡然而醒，催促赶紧上路，一路上还在不分昼夜地处理文案。16日，林则徐在潮州突发恶疾，吐泻不止，广西的告急军报又不断地送来。林则徐挣扎着继续前行——他要赶到广西去！虚弱已极的林则徐刚走出潮州，就不得不停在普宁县行馆休息。潮州知府刘浔带领医生来为林则徐诊治，服药也不见效果。

1850年11月22日辰刻，林则徐气息微弱地口述了遗折，由聪彝代笔。看儿子记录完毕后，他伸出瘦弱的手，竭尽最后一口气大呼："星斗南！星斗南，星斗南……"围在一旁的聪彝和随从不解其意，但见林则徐的手慢慢垂下，眼睛也渐渐失去了光彩。堪称"国家柱石"的一代名臣重臣，清正廉洁爱民的封建官僚典范，主持禁烟抗英的伟大民族英雄，以生死利国家的高尚爱国志士——林则徐，与世长辞，享年六十六岁。

不久后一个烟雨迷蒙的下午，广州十三行附近的新豆栏街上的一家酒馆里，一群闲人围坐在一起，一边喝酒，一边悄声议论。

"你们听说了吗？林大人又当了钦差大臣，要去广西剿匪，在路上殁了。"

"哎呀，人们都在说林大人的事，他是累死的吧，岁数不算太大呀。"

"累死的？我看未必……"

"嗯，我也听说林大人死得蹊跷，他离开家才几天呀。"

"听说他临死的时候一直念叨着'星斗南'，不知道是什么意思。"

"什么什么意思？"柜台后边掌柜的发话了，"我们新豆栏怎么了？"

"我们说林大人临死说'星斗南'，谁说你们'新豆栏'——哎，这两个词还真像！"

"我就说吧！平白的说什么'星斗南'呀，他八成就是说的'新豆栏'！"

"哎，咱这新豆栏旁边可就是十三行，你说林大人在的时候跟那帮洋商那么斗，会不会是……"

"对对对，我还听说林大人好像雇过伺候夷人和洋商的厨子，为的是打听什么事，后来……"

"后来林大人又是禁烟，又是封港，洋商们可没少憋气。"

"林大人死在普宁，离广州可不太远，你们说不会真的是……"

"我看不会，据说林大人的公子当时就在身边，要是他父亲死得不明不白，他会不报官？"

"报官？你说有人死得不清楚，官府就要开棺验尸。公子就算怀疑，能让林大人死了都不得安生？"

"林大人在广州确实没少得罪他们，难说他们不会起什么坏心，特别是怡和行伍老爷他们家，当时被林大人骂得……"

"伍老爷、英国人，还有那些跟着夷人混事的，林大人都得罪了，他后来让皇上给罢了官，还不都是因为英国人跟咱们打起来了……"

"哎哎哎，诸位，我看，咱们还是——"掌柜的一指柱子上贴的红纸条，说："'莫谈国事'吧。"

小店里逐渐静了下来，人们低头喝酒，间或抬头看一眼外边的雨，朦朦胧胧的，似乎更加扑朔迷离了。

流芳百代

林则徐生长于乾隆朝、进仕于嘉庆朝、宦游于道光朝，长逝于咸丰朝，身经四朝，备受倚重。其地位之高、功绩之大、声誉之隆，鲜有人堪比。在他逝世后，一时间朝野叹息，即使是走卒妇孺，也都为林大人的逝世而黯然神伤。

潮州的民众最先得到林大人殁于普宁的噩耗，无数百姓为痛失"林青天"而凄然落泪。林则徐的灵柩运到潮州的时候，家家缟素，人人哀戚。每天都有几千人从四面八方跑到停灵的行馆奔丧，在当地人民的一再挽留下，林则徐的灵柩一个多月后才被运回福建。

林则徐病逝的消息很快惊动了福建当局，巡抚徐继畬立即派人加急驰奏北京。11 月 29 日，潮州知府刘浔把林则徐的遗折和受命出征的钦差大臣关防上交给两广总督徐广缙。第二天，徐广缙把遗折和关防封存起来一起驰送北京。

12 月 15 日，咸丰帝接到了徐继畬的奏报，得知倚为"戡乱膀臂"的林则徐猝然去世，大为震惊，只得临时调整部署，同时下发了悼恤令：

林则徐著加恩晋加"太子太傅"衔，照总督例赐恤。历任一切处分，悉予开复。应得恤典，该衙门察例具奏。伊子编修林汝舟、文生林聪彝、文童林拱枢，均著俟服阕后，由吏部带领引见，候朕施恩。寻予祭葬，并谥"文忠"。

"文忠"是封建官僚能得到的最高级谥号之一，这一"忠"字也恰如其分地概括了林则徐的一生，他忠于皇帝，忠于国家，忠于人民，为国为民奉献终生。1851 年 5 月 9 日，咸丰帝遣人为林则徐祭葬，宣读《御赐祭文》，并赐《御制碑文》，在家乡建祠纪念，全国哀悼。祭文高度评价了林则徐的以身许国和"不避嫌怨"：

念致身于王事，稽恤典于春官。宫傅崇加，后昆储选。综生平之不避嫌怨，宜恩施之备极哀荣。

对林则徐敬爱有加的同僚们为他举行公祭，撰写《公祭林文忠公文》，表达了对他禁烟抗英的景仰、对小人谗害的憎恶以及对他荷戈戍边的敬佩之情：

于荆于扬，炎海之疆。仁能浃民，威足制夷。谗夫忌深，乘间抵巇。白衣从戎，复勤河堤。功成荷戈，远指天西。

林则徐雕像

生前光明磊落，死后备极哀荣。林则徐的灵柩运回家乡后，和郑夫人一起归葬于福州北郊金狮山的林家墓地。他与父母、夫人、弟弟霈霖夫妇六人一起安葬在郁郁葱葱的绿树丛中，头枕青山，面朝碧海，安静地长眠了。

林则徐生于大清王朝由盛转衰的关键年代，他坚决地抵抗英夷的进犯，虚心地学习西方知识，用一生的努力去挽救王朝的衰颓之势，但是至死也没有完成。但他留给后人的是虎门销烟的那份霸气，守土抗英的那份勇气，师夷长技的那份开明，鞠躬尽瘁的那份奉献，总的来说就是爱国。这是当时中国人最先进的思想，是中国人民民族意识觉醒的先声。

在他死后的数十年间，中华民族陷入了黑暗的深渊，主权被侵犯、人民被屠杀、财富被掠夺、文化被毁坏，遭遇了空前的灾难，逐步沦为半殖民地半封建社会。无数仁人志士为国家寻求出路：地主阶级抵抗派的"师夷长技以制夷"，农民阶级的"太平天国运动"，地主阶级洋务派的"洋务运动"，资产阶级维新派的"百日维新"，资产阶级革命派的"辛亥革命"……各种各样的主义，各式各样的抗争，都是为了驱逐帝国主义强盗，富国强兵。一方面看他们失败了——没有让中国迅速富强起来；一方面看也成功了，在列强的侵凌压迫与他们的不断探索下，原本蒙昧的中国人民抵御外侮，独立自强的民族意识开始渐渐觉醒。这种探索不是林则徐"开眼看世界"的继续吗？

1912年，清朝覆亡，中华民国的成立没有改变中国半殖民地半封建社会的现实，依旧是国困民穷，列强环伺，其中自甲午战争打败中国后野心膨胀的日本逐渐成为中国的最大威胁。1919 年，在第一次世界大战结束后的巴黎和会上，英、法、美列强无视中国作为战胜国的合理要求，把战败国德国在山东的特权转让给日本。5 月 4 日，中国人民群情激奋，游行抗议，力争主权；随后，在巴黎的中国代表团也拒绝在无理的和约上签字。五四运动及相伴前后的新文化运动促进了中国人民民族意识的进一步觉醒。这种据理力争不正是林则徐在禁烟运动中的坚守与霸气的再现吗？

人民英雄纪念碑上的"虎门销烟"雕塑

1937 年 7 月 7 日，卢沟桥的枪声把中华民族推到了亡国灭种的边缘，中国人民到了最危险的时候。"战端一开，那就是地无分南北，年无分老幼，无论何人，皆有守土抗战之责任，皆应抱定牺牲一切之决心！"不论是大江南北，还是边塞海疆，中国人民一致对外，坚决抗日，不屈不挠，视死如归。经过八年艰苦卓绝的浴血奋战，终于以数千里锦绣河山惨遭蹂躏、三千五百万同胞流血牺牲的惨重代价将日寇彻底击溃！ 1945 年

虎门林则徐纪念馆是为了纪念民族英雄林则徐而建
立的历史人物纪念馆。位于广东省东莞市虎门镇口
村南面的林则徐销烟池旧址内。

虎门林则徐纪念馆的林则徐塑像

8 月 15 日，日本天皇宣布无条件投降，听到抗战胜利喜讯的中国人民奔走相告，举国欢庆。这是中国人民一百多年来在反抗外来侵略的战争中第一次取得完全的胜利，这一伟大胜利以铁的事实雄辩地证明：任何外国侵略者也许能在一场战争中战胜中国，但永远不可能彻底征服中国！中国人民的民族意识真正觉醒了，中国这头东方睡狮也就怒吼着站立起来了。胜利背后的巨大精神力量不是和林则徐及其他爱国将领英勇抵抗侵略的爱国主义精神一脉相承的吗？

1949 年 10 月 1 日，北京天安门城楼上传来伟人洪亮的声音：中国人民从此当家做主，站起来了！中华人民共和国这个光辉的胜利果实是无数革命先烈抛头颅、洒热血换来的，中央人民政府决定在天安门广场上建一座"人民英雄纪念碑"，纪念自1840 年来为了反对内外敌人，争取民族独立和人民自由幸福，在历次斗争中牺牲的人民英雄。纪念碑的基座上装饰着八块巨幅浮雕，分别展示中国近代史上人民英勇斗争的激动人心的场景。其中第一幅就是"虎门销烟"，以纪念林则徐这位民族英雄！

1984 年 12 月 29 日，经过八轮激烈的谈判，终于达成了一致意见，中英两国在北京正式签署了《中英联合声明》，宣布中华人民共和国将于 1997 年 7 月 1 日收回香港（包括香港岛及其他不平等条约后续割让、强租的九龙、新界）主权。1985 年初，中国常驻联合国首席代表、特命全权大使凌青把这份声明提交联合国法律事务部，获得了国际社会的公认。不久，全国政协举办纪念林则徐诞辰二百周年纪念会，外交官凌青又出现在了纪念会上。海内外华人这时才得知，凌青原名林墨卿，是林则徐的五世嫡孙。香港是在那场改变林则徐命运的鸦片战争后被迫割让出去的，收回香港的联合声明由林则徐的玄孙骄傲地摆到全世界面前，这是多么扬眉吐气的事！

2000 年 9 月 20 日，福州的左营司巷十分热闹。二百多年前，林则徐就出生在这里的一间低矮的小房子里，现在人们又一次在这里欢聚。揭开大红的锦帐，一座高大肃穆的青石碑赫然出现，碑首左边是头戴官帽的林则徐在遥望着深邃的夜空，顺着他的视线看去，右边是一颗璀璨的小星，这颗中国人发现的小行星被命名为"林则徐"星。碑下方的日期是 2000 年 8 月 30 日——林则徐诞辰二百一十五周年纪念日，人们没有忘记他，这位伟大的英雄将像那颗同名小行星高悬于星一样，永远闪耀在中国人民心中。

在福州林文忠公祠，在虎门鸦片战争纪念馆，在销烟池，在威远炮台，每天都有成千上万的人在以各自的方式纪念林则徐。有的人把名字刻入石头，想"不朽"，可是他的名字比人烂得还早；林则徐一身浩然正气，保国安民，功勋卓著，却从没有为自己树碑立传。桃李不言，下自成蹊。中国人民将他高尚的爱国主义精神代代传承，把他的名字镶嵌在九天的星辰之上，流芳百代，光照万古，这才是真正的永垂不朽！

后记

1997 年 7 月 1 日零时，在威武雄壮的《义勇军进行曲》的旋律中，中华人民共和国国旗和香港特别行政区区旗在香港冉冉升起。这块阔别了母亲一百五十多年的土地终于回到了祖国的怀抱，大陆和香港两地的中国人民彻夜不眠，欢庆香港回归。

距离香港不远处的广东虎门，波涛轻轻地拍打着岸边的炮台，一门门锈迹斑斑的大炮，好像一群静默无言的老人在望着香港夜空中璀璨的烟花盛典。那场不堪回首的屈辱战争就发生在这里，香港就是那时被英军强占的，现在中国有实力把它收回，欣慰的不仅是正在欢庆的人们，还有那些已经故去的曾经在这里战斗过的英雄。

比如，林则徐。

林则徐从做地方官的时候就与众不同，他清正廉洁，认真负责，在贪腐颟顸的清朝官员队伍中鹤立鸡群。当英国人用鸦片谋财害命，用坚船利炮威胁中国安全的时候，他予以了最坚决的反击。虎门销烟的冲天浓烟是他的浩然正气，守土抗英的不屈不挠是他在保国安民。百年之后，林则徐禁毒的决心和功绩与高尚的爱国主义精神赢得了全世界正直人士的尊重和纪念。在封建社会，"爱国主义"似乎是一个新奇的词语，但在中外矛盾成为社会主要矛盾的时候，林则徐禁烟抗英的所作所为就是爱国主义的具体表现。他是当之无愧的伟大爱国者，近代史上第一位民族英雄。

2015 年是林则徐诞辰二百三十周年，我希望大家读者看到这本书之后知道：中华民族有这样伟大的民族英雄，我们有这么值得骄傲的前辈！

写作这篇小传，我主要参考了厦门大学教授杨国桢先生的《林则徐传》（人民出版社 1995 年 10 月第二版）。先生严谨的治学态度与扎实的学问功底让我受益匪浅，得先生寸土，于我便为山陵。在此谨向先生表达由衷的谢意与无限的景仰。此外，我还参考了范文澜先生的《中国近代史》、雷颐先生的《走向革命》等著作，史籍《清史稿》以及喻大华先生的《道光与鸦片战争》系列讲座，历年涉猎的文史著作也都起着潜移默化的作用，在此一并向各位前辈先生致以诚挚的谢意与敬意。

林则徐年谱

1785 年　出生

8 月 30 日（清乾隆五十年七月二十六日）出生于福州左营司巷。

父亲林宾日（1749—1827）原名天翰，是一位靠教书为生的穷秀才；母亲陈帙（1759—1824）出身宿儒家庭。

1788 年　4 岁

父亲林宾日携林则徐进入自己教书的私塾读书。

1791 年　7 岁

林则徐在父亲林宾日的教导下开始作文章。

1793 年　9 岁

7 月，英国使臣马嘎尔尼来华，准备向清朝政府提出通商、开埠、减税等要求。

8月，马嘎尔尼在热河行宫觐见乾隆皇帝，除了得到物质赏赐之外，所提要求都被乾隆皇帝拒绝。

1796年　12岁

正月，乾隆皇帝自称太上皇帝，其十五子颙琰即皇帝位，年号定为嘉庆。

林则徐参加岁试，中佾生。

1797年　13岁

林则徐参加郡试，受考官激赏，擢为第一。

1798年　14岁

林则徐参加科试，考中秀才。中秀才后就读于鳌峰书院，与当地名儒郑大谟长女郑淑卿订婚。

1804年　20岁

秋，林则徐参加乡试，考中第二十九名举人，与16岁的郑淑卿结婚。中秀才之后到中举人期间，除有时就馆教读谋生之外，都在鳌峰书院读书，得注重经世有用之学的郑光策教导，结交梁章钜、杨庆琛、廖鸿荃、沈廷槐等好友。

1805 年　21 岁

林则徐踌躇满志地第一次进京参加会试，落榜。

1806 年　22 岁

厦门海防同知房永清聘请林则徐去做书记。5 月，得汀漳龙道百龄赏识。

1807 年　23 岁

春，林则徐入福建巡抚张师诚府做幕僚，陆续学习到了很多历史掌故以及兵、刑、礼、乐方面的知识，受益匪浅，为他以后进入仕途做了准备，是他人生的一段重要经历。做幕僚的经历一共持续约四年。

1809 年　25 岁

林则徐再次入京参加会试，落榜。

1811 年　27 岁

春，林则徐第三次参加会试，终于高中会试榜列第七十四名，复试一等，殿试二甲第四名，朝考第五名，赐进士出身。后归省。

1813 年　29 岁

6 月，林则徐回到北京，到庶常馆供职。

1814 年　30 岁

正月，长子汝舟出生。

6 月，林则徐以优异的成绩从庶常馆毕业，成为了一名国史馆的编修。

1816 年　32 岁

9 月，林则徐到南昌任江西乡试副主考官，认真负责。

1819 年　35 岁

4 月，林则徐担任会试十二房同考官，慧眼识英才，发现日后高中状元的陈沆。

9 月，林则徐到云南主持乡试，任正考官。在途中，考察民生风土。

1820 年　36 岁

2 月，林则徐担任江南道监察御史，两次上书言事得嘉庆帝嘉纳。

6 月 3 日，林则徐被实授杭嘉湖兵备道，第二个月赴杭州接任，结束了京官生涯。

7 月，嘉庆皇帝驾崩，皇次子旻宁即位，改元道光。

1821 年　37 岁

父亲林宾日病危，林则徐以照顾父亲为由辞官返回家乡。

1823 年　39 岁

2月17日,林则徐任江苏按察使。在任期间,他澄清江苏吏治,改革审判程序,亲自裁决案件,并在江苏禁烟,被当地百姓称颂为"林青天"。

1824 年　40 岁

母亲陈帙在福州病故,林则徐回家奔丧。

1827 年　43 岁

林则徐任陕西按察使、代理布政使,在任一个月又被调任江宁布政使。等待交接期间,陕南略阳一带发生水灾,因此留在陕西仍理原职,赴略阳察看灾情,安置受灾百姓,同时还参与了县城移建事宜。

1830 年　46 岁

秋天,林则徐调任湖北布政使,第二年春调任河南布政使,擢东河河道总督。林则徐治理江河不辞辛劳,不避嫌怨,认真负责,力除积弊。

1832 年　48 岁

林则徐因为才干优长，调任江苏巡抚。他疏浚河道，兴修水利，整顿科场，改革盐政，尝试铸币，兢兢业业地治理江苏，真正把少年经世济民的理想付诸实践。

1837 年　53 岁

正月，林则徐升任湖广总督。面对湖北境内每到夏季大河常泛滥成灾的境况，林则徐采取有力措施，对保障江汉沿岸州县的生命财产，做出了不可磨灭的贡献。

1838 年　54 岁

11 月 15 日，林则徐受命钦差大臣，入广州查处禁烟。

1839 年　55 岁

3 月，林则徐抵达广州。

6 月 3 日，林则徐在虎门海滩将收缴的鸦片当众销毁，即震惊中外的"虎门销烟"。

1840 年　56 岁

9 月 29 日，道光皇帝下旨，革了林则徐的职，并命令"交部严加议处，来京听候部议"。

10 月 25 日，林则徐又收到吏部文件，通知他暂留广州，等待新任钦差大臣琦善的审问。

1841 年　57 岁

5 月 1 日，林则徐又接到圣旨：降为四品卿衔，速赴浙江镇海听候谕旨。到镇海后，林则徐积极参与了当地的海防建设事宜，力图"戴罪立功"。

6 月 28 日，道光皇帝下旨，革去林则徐"四品卿衔"，"从重发往新疆伊犁，效力赎罪"。

7 月 14 日，林则徐踏上戍途。

12 月 10 日，林则徐抵达新疆伊犁。

在发配期间，他垦荒修渠，效力边疆，为当地民生经济的发展做出了重要的贡献。

1845 年　61 岁

朝廷重新起用林则徐，调任陕甘总督、陕西巡抚、云贵总督。

1847 年　63 岁

清廷命林则徐为云贵总督，到任后，以维护云南边境安定得力加太子太保，赏戴花翎。

1849 年　65 岁

秋天，林则徐因病重奏请开缺回乡调治。

1850 年　66 岁

10 月，又被清廷命为钦差大臣，去广西镇压拜上帝会的反清武装起义。他抱病从侯官起程，11 月 22 日，林则徐病逝于潮州普宁行馆，谥号"文忠"。